Ya soy Freelancer, ¿y ahora cómo vendo?

El Libro Secreto de las Ventas para Solopreneurs

Ariel Ortuño | Pedro García

Ariel Ortuño
Para mis amados hermanos, Hugo y
Axel.

Pedro García Santos
Para mis tres padres, Dios, María de
la Paz y Joaquín.

ÍNDICE

ARIEL ORTUÑO

Introducción

Conocí a Pedro cuando comenzó a entrenarse en Programación Neurolingüística. En aquel tiempo, yo, apoyaba a un amigo a dar Certificaciones Internacionales de PNL. Hubo buena empatía con Pedro.

Varios meses después, descubrí que él era autor del libro "¿Pequeña Empresa o Marca Súper Poderosa?". Yo, lo había buscado a él, para que me apoyará en la parte de ventas dentro de un proyecto que lanzaría para el año 2020. En esa llamada, Pedro, me pidió asesoría con algunas ideas para la promoción de su libro. Lo hizo debido a que, hasta ahora, todos mis libros han sido BestSeller en Amazon.

Fue sensacional para mí, descubrir como la vocación de servicio que tiene Pedro, se amalgamó con la mía. Mientras conversábamos, nos dimos cuenta de que el conocimiento de ambos podría ayudar millones de profesionales independientes que actualmente están sufriendo porque no saben cómo vender sus servicios. Yo, quería escribir otro libro sobre ventas; Pedro, quería profundizar el tema mucho más de lo que lo había hecho en su primer libro. Así que, aunque suene romántico, encontraos un camino juntos.

Tienes en tus manos una obra maestra de las ventas, la persuasión, el liderazgo y la influencia de las personas. Lo que estás por aprender, va a cambiar por completo la manera en que ves las ventas y el modo en que puedes llevar el área comercial de tu profesión.

Pedro, es un as de las ventas que, a fuerza de sus propias historias, te dará los puntos medulares que harán que puedas catapultar tus número de un modo increíble. Yo, Ariel, te enseñaré cómo ser más persuasivo desde antes de estar frente al cliente y cómo crear un movimiento que envuelva gran cantidad de clientes potenciales.

Ambos, Pedro y yo, iniciamos nuestras carreras como Freelancer y sabemos cómo te sientes, qué te duele y por qué aún no has aumentado tus ventas tanto como podrías. Al terminar de leer este libro, estarás listo para crear una carrera sólida. Así que, a disfrutar mientras lees. Y recuerda:

"Estás a una frase de inspirar al mundo…"

CAPÍTULO 1

37 no's en 80 citas en 300 horas y cómo no vender

No todo lo que
parece, es.

Antes de decidir convertirme en un asesor de empresas, me encontraba sentado frente a una computadora, diseñando piezas de aluminio para ensamble, que posteriormente iban a convertirse en un reflector de algún estadio, carretera o nave industrial en México, EE. UU. o América del Sur.

Como parte de la selección de proveedores que daban mejor nivel de servicio a la compañía y debido a que yo era el gerente de producción; era común que, dentro de los días laborales, me invitaran junto con el director general para asistir a eventos Kaizen (de mejora continua). Teníamos un objetivo: optimizar líneas de producción. Este tipo de eventos siempre era liderado por un asesor externo que podría ser japonés o mexicano.

Los fines de semana, yo, asistía personalmente a un diplomado para seguir desarrollando mis habilidades en Manufactura Esbelta. Cada módulo era impartido por diferentes asesores de empresa. De la misma manera, los fines de semana, en la empresa donde yo trabajaba, recibíamos en la planta a un asesor para que nos ayudara a establecer las herramientas de manufactura esbelta, que nos servirían para dar un mejor servicio como proveedores.

Algunos asesores eran más audaces y nos pedían detener la producción, para instaurar una mejora y producir más con menos. Hasta este punto ¿qué tiene que ver esta historia con las ventas en mi vida? Bueno, tiene todo que ver...

Notarás que el común denominador de los párrafos anteriores es la palabra "asesor". Lo que quiere decir que siempre estuve rodeado de ellos. Yo, los admiraba por su habilidad para localizar un problema y resolverlo o ayudarnos a resolverlo. Además de los numerosos asesores en producción que teníamos, también teníamos una asesora legal y un contador; sin embargo, un buen día, recién egresado de la Maestría en Administración y Dirección de Empresas con todo y el Certificado como Master en Business Administration y Concentración en Economía Aplicada a Negocios, descubrí que la empresa estaba en números rojos.

Le dije a mi padre, que también era mi socio: "O me salgo a vender yo o lo haces tu papá; pero alguien tiene que cubrir ese frente porque hasta ahora, sólo nos hemos concentrado en fabricar".

Decidí que me había equivocado en el cálculo, ya que no concebía que la empresa que mi padre había construido durante 25 años, se tuviera que cerrar. Dije a mi viejo: "Me equivoqué papá, déjame rehacer el cálculo". Lo volví hacer durante siete días seguidos y el número era el mismo.

Yo, no me daba abasto con un proyecto de 300 subensambles. El Excel hacía que mi computadora, con un core i7 y 8 Gigas de Ram (2014), se calentara y bloqueara más veces que cuando diseñaba una pieza en 3D. Entonces le comuniqué a mi papá:

-Papá, necesitamos al menos tres proyectos como estos para llegar al punto de equilibrio o bien cerrar ahora la empresa, antes de que pueda ser peor.

Él, me miró y me respondió:

- Hijo, nunca te había escuchado tan desesperado por algo porque siempre has sabido resolver las cosas. Creo que tienes razón, cerremos la empresa.

¿Pero qué pasó si éramos los mejores proveedores en la nación y de los mejores fabricantes de luminarias industriales del país?

Así es, eso éramos pero sólo para dos cuentas. No había más clientes y al no haber más clientes, no había flujo de efectivo y al no haber flujo de efectivo, cualquier empresa se muere.

En unos meses, uno de esos clientes cerraría su planta en la Ciudad de México y no requerirían más de nuestros servicios, los que por más de 20 años habíamos provisto. Mi grito de desesperación era ¡necesitamos más ventas! Por desgracia, había llegado muy tarde. Sin importar cuán fuerte clamara al cielo, ya no había manera de que la empresa se recuperara.

Cuando cerramos, mi padre me invitó a trabajar con él en la empresa de tu tío, en la ciudad de Querétaro. Le respondí que no, que quería encontrar mi camino. La verdad, también deseaba resolver ese factor en la ecuación de la empresa, el cual no estuvo y que hizo que cerráramos. Necesitaba profundizar en las ventas.

Así fue que inicié mi búsqueda, me introduje lo más que pude al mundo comercial. Tuve la oportunidad de decidir si era conveniente entrar a una empresa de seguros o irme a promover tubería de acero helicoidal para trasporte de gas, agua y petróleo. Sonaba mejor la segunda opción porque en los seguros sólo ganaría comisiones y no tendría un sueldo base. ¿De qué se trata ese asunto de que no te paguen hasta que vendas?

Nunca vendí un solo tubo. Viví engañado. Únicamente me tenían como "edecán". Promovía, pero no tenía permitido vender. Era un "levanta pedidos". Comprendí que eso no me daría la respuesta que estaba buscando y renuncié.

Después entré a Gobierno. Mi misión era administrativa y de gestión de proyectos. Y claro, también quedar siempre bien con el jefe; sin embargo, gracias a mi naturaleza de índigo, no me va bien una figura de autoridad sin capacidad real de liderazgo. Tampoco la idea de que si no se resuelve un problema aquí, probablemente se resuelva en otro departamento. Ingrese como gerente de Desarrollo de Productos Electrónicos y a los cuarenta y cinco días de haber ingresado, ya estaba haciendo una presentación a la directora general adjunta (saltándome 3 niveles de jerarquía) para que me diera una cita con un Miembro del Consejo Directivo, que era clave para que cerráramos un proyecto.

Creo que ese fue el inicio de una guerrilla interna. No era bien visto que un gerente se colara tan rápido a tales esferas intocables de la organización. En 5 meses, GRACIAS A DIOS, ya estaba fuera de Nacional Financiera; harto, desmotivado y sin encontrar esa respuesta que por algún momento olvidé que estaba buscando. Pensé: "¡Basta! No es posible que tengo tantas ideas para resolver problemas y siempre he estado bajo la opinión de otro más arriba para saber si se hace como yo quiero o como él quiere, y la mayoría de las veces es como él quiere. Seré un asesor de empresa que diga qué hacer y ayude a más directores de empresa a mantener sus negocios a flote".

Y así inicié asesorando a emprendedores que me pagaban lo mínimo para que yo, pudiera comer y medio pagar la luz, el agua, la comida de mi perra (a la que estaba pensando regalar porque me había quedado endeudado), con un coche nuevo y tenía que pagarle al banco. Pero si era un MBA Certificado, el mejor evaluado de la clase de Negociación, ¿por qué no logro cerrar más clientes? De verdad, me sentía devastado.

A los pocos días, recibí la llamada de Rosario, que reclutaba agentes para Grupo Nacional Provincial. Gracias a esas experiencias pasadas, en ese momento, en vez de volver a hacerme la pregunta: "¿De qué se trata eso de que me paguen por comisiones y no tenga un sueldo?" La cambié por la siguiente idea: "Si me van a pagar por aprender a vender, me parece un buen negocio". Imaginé que si me gustaba el mercado de los seguros y me iba bien, igual podría quedarme a trabajar ahí; aunque no era lo que realmente quería. Por otro lado, si aprendía a vender y no me gustaban tanto los seguros como asesorar a empresas; pues me podía regresar a asesorar empresas. Acepte la oferta de Rosario y comenzó mi carrera en el mercado de los seguros.

Pasaron 4 meses, pasé más de 300 horas en más de 80 citas para obtener siempre las mismas respuestas:

a) No Pedro, ahora no veo que sea necesario un seguro para mí (5 veces).
b) No gracias (10 veces).
c) Fíjate que si lo voy a tener que platicar con mi esposa (8 veces).
d) Suena muy interesante Pedro, pero déjame pensarlo y te aviso (10 veces).
e) ¿Me puedes enviar todo por correo, lo checo y te aviso (4 veces)?

En suma son 37 objeciones que se traducen en dos letras contantes: NO. Afortunadamente, tenía una cuenta con ahorros que había podido guardar hasta ese momento. Ahorros que parecía quedar únicamente en mi memoria porque los estaba usando para sobrevivir.

En poco más de 80 citas, pude cerrar 3 ventas y surgieron mis primeros 2 clientes. La tercera venta fui yo... sí, yo me compré mi propia póliza de seguros para poder acceder a un bono y tener dinero para vivir unos días más. Ya ni pensar en abonar a las 7 deudas por saldar que tenía sobre mí. En suma, esas 3 pólizas significaron $35,000.00 de facturación para la compañía. Resumiendo, en 4 meses, pasé más de 300 horas, en más de 80 citas con más de 40 personas y sólo generé $35,000.00 para la compañía.

Un día, me dieron la noticia de que recibiríamos un entrenamiento diferente al que nos daban TODOS LOS DÍAS. Supuestamente, cada día nos "educaban" sobre cómo llenar un PP200, que es una tabla con 200 filas. En ella, anotábamos los nombres de las personas que conociéramos y que hoy: ganaran bien, tuvieran un buen auto, con hijos en colegios privados, tuvieran puestos directivos y fueran accesibles dentro de un margen de edades de 30 a 50. Si cumplían todas las condiciones anteriores, eran "prospectos calificados".

Recuerdo una cita que me dio un director de un banco que está entre los tres mejores de México. Él, ganaba cerca de diez mil dólares al mes, contaba con un buen auto, acababa de dar el anillo de compromiso a su prometida, tenía un hijo a punto de nacer, contaba con una empresa adicional (tema confidencial, ya que el banco no permitía eso), había egresado de la misma escuela de negocios que yo, con una Maestría en Finanzas; pero no podía pagar una póliza de seis cientos dólares porque estaba hasta el cuello de deudas.

La primera póliza que vendí, fue a una mamá luchona. Situación paradójica a las enseñanzas que recibía cada día. Era una mujer que trabajaba en una empresa donde imprimen las tarjetas de débito y crédito. Ella, era madre de 2 pequeños, de 5 y 7 años. Tenía 31 años de edad en aquel momento, ganaba alrededor de novecientos dólares al mes y, por si fuera poco, acababa de enviudar. Su suegra le cuidaba a los niños, aunque le reclamaba el tiempo que los pequeños estaban con ella, porque la señora ya estaba grande de edad y se cansaba pronto.

Lograba mantener a sus niños con grandes esfuerzos y gracias a un seguro de vida, que le pagó la institución donde trabajaba su esposo. La suma pagada fue de apenas de tres mil dólares, cantidad que tuvo que repartir entre ella, su suegra y sus hijos. Te podrás imaginar cuántas lágrimas en sus ojos había cuando me estaba contando esta historia. Pagó una póliza de seiscientos dólares después de 3 citas. Menciono que fue después de tres citas porque los "noveles" (agentes recién ingresados con menos de 1 año de antigüedad), no podían vender en la primera cita. Al menos eso decían los agentes con más de 10 años en el mercado.

Me enlisté en el curso lo más rápido que pude porque era de cupo limitado. Nos dijeron que venía Mauricio Benoist, que en aquel entonces, comenzaba su carrera y se daba a conocer. Si no mal recuerdo, él aun ni siquiera tenía una cuenta abierta en Facebook. Fue contratado para darnos un entrenamiento en Neuroventas de 2 días. Cuando me enteré del curso, me fui a comprar el libro de Jurgen Klaric, "Véndele a la mente y no a la gente". Justo antes de que comenzara el curso, lo leí todo para aprender tanto como pudiera. Necesitaba saber vender de una manera diferente.

Durante el curso, yo, pensaba: "¡Esto es otra onda! Nada que ver a lo que nos enseñan en la agencia a la que pertenezco". Y todavía recuerdo a varios agentes "de los viejos", decir: "Este curso viene en el libro, el chavo dijo lo mismo que dice en el libro". Yo, sólo escuchaba esos comentarios mientras ordenaba mis notas de curso.

En el segundo día, todos se salieron, y nos quedamos con Mauricio que programaba su UBER para ir a su hotel. Fui al baño y cuando regresé, ahí seguía Mauricio, esperando su trasporte mientras conversaba con uno de mis compañeros. Se me ocurrió decirle:

- Oye Mauricio, la verdad está muy interesante todo lo que nos diste en el curso, pero todavía me da miedo decirle a mis clientes, todo lo que tú nos has enseñado.

Mauricio respondió:

- Muy bien Pedro. Te recomiendo que tomes un curso de Programación Neurolingüística en PNL Américas. (Lugar dónde más tarde conocería al mejor abrazador del mundo... a Ariel Ortuño, el coautor de este libro.)

Al día siguiente, yo, tenía una cita en un Penthouse ubicado en la Avenida Reforma de la Ciudad de México. Un lugar de la ciudad lleno de edificios corporativos. Ahí vería a un arquitecto, quién me avisó de que iba tarde a la cita que teníamos. Lo esperé en el lobby. En mi infinito ocio (hora nalga), esperaba pacientemente a las 20:30 en una fría noche. Tomé mi "flamante iPad Pro dorado de 12.9 pulgadas", con la que hacía mi ensayadísima y mediocre presentación de ventas para darme cuenta de que en la parte superior derecha, el indicador de la batería marcaba 10 %. En ese momento, pensé: "¡Mierda! ¿Y ahora qué hago?"

Pasaron solamente unos 7.5 segundos para que se me prendiera el foco: "¿Y si utilizo este 10 % para repasar mis apuntes del curso de Neuroventas que terminé ayer con Mauricio?" Así lo hice. Mientras repasaba mis apuntes, llegó un hombre de una altura aproximada de 1.80 m, justo de mi estatura; pesando como 120 Kg, con el cabello levantado y desordenado, canoso, lentes y gesto bonachón; con voz de un adolescente saliendo de la pubertad. Cargaba un maletín y una timidez un tanto increíble a sus 54 años.

Fuimos a cenar, él me invitó. Después de 3 horas de conversación, ya me estaba dando su segunda tarjeta de crédito. La primera, una Black, yo, la sostenía en mis manos porque el caballero quería estar seguro de que pasaría el pago de la tarjeta para comprar DOS PÓLIZAS de seguros. Jamás creí hacer una venta así en la primera cita en sólo 3 horas. En las ocasiones anteriores, eran 3 citas de 4 horas cada una y para ver si me compraban.

El lunes, estaba contando esta historia en la junta general y ya era "el novel de 5 meses que vendió dos pólizas en una sola cita, una de vida y otra de gastos médicos mayores".

CAPÍTULO 2

Qué sí vende... CONEDTA

> La confianza inicia con la verdad
> y termina con la verdad.
> - *Santosh Kalwar*

Un mes después, me encontraba en una junta anual de agentes de seguros. Nos habían dado una serie de ponencias para comunicarnos los objetivos de la compañía para el siguiente año. Después de eso, cerraríamos con una comida donde estaríamos los agentes que logramos al menos un bono durante el año.

Los bonos eran trimestrales y yo, había estado en la compañía dos trimestres, tiempo en el que logré ganar dos bonos, uno en cada periodo. Cuando terminó la premiación, me acerqué a los agentes que conocía para felicitarlos, no sin dejar de felicitar también, a los agentes que me encontraba mientras caminaba. De repente, sentí una mano en mi hombro izquierdo, me volví y era Jorge, un agente que siempre tenía un gesto agradable, muy amable y nada pretencioso.

Jorge: - Pedro, te quiero felicitar.

Pedro: -Jorge, ambos recibimos reconocimiento, felicidades a ambos.

J: - No Pedro, permíteme felicitarte de manera especial.

Un poco nervioso le dije: - ¡Gracias! ¿Y por qué?

J: -Verás, recibiste una premiación por dos bonos y llevas apenas, ¿qué? ¿5 meses?

P: - Así es Jorge.

J: - Mira Pedro. Yo, llevo 15 años haciendo esto y nunca he logrado lo que tú acabas de conseguir. Además, algo que no estás viendo, es que los dos bonos que te dieron son por venta de seguros de vida. Tú, ahora sabes que es lo más difícil que podemos vender aquí en la compañía. Yo, por eso, como me tardaba mucho en cerrar, me dediqué a vender seguros de autos, de gastos médicos mayores y de casa habitación; ya que son más fáciles de colocar.

A mí, me encanta caminar, por eso me regresé caminando, al tiempo que reflexionaba en todo lo que acababa de ocurrir hasta ese momento del día. Fue entonces que me hice la pregunta: ¿Qué estoy haciendo que, aparentemente, nadie más está haciendo, que hizo que obtuviera estos resultados?

Decidí ver la conversación con Jorge como una señal, que estaba recibiendo sobre lo que vendría después para mí. Una decisión que hasta ese punto, era una de las más difíciles que iba a tomar. Frente a mí, tenía la posibilidad de continuar con mi éxito de venta de seguros o bien, regresar a mi verdadero sueño: asesorar a empresas. Ya tenía la respuesta a eso que nos había faltado a mi padre y a mí, y que pudo mantener la empresa creciendo: saber vender.

Hasta ese instante, me di cuenta de que ya tenía un proceso estructurado, paso a paso para iniciar una conversación con un prospecto, tener una cita y cerrar una venta. Concluí que dejaría los a seguros (donde ya era reconocido), para darme a conocer con emprendedores solitarios como tú. Quiero mostrarte la manera en que puedes estar frente a una persona, que esté verdaderamente interesada en solucionar un problema; presentar tu servicio, de modo que no se pueda resistir a comprarlo. Para después, volver a comprar y recomendarte.

Por ese motivo si me permites, a continuación te quiero revelar qué fue lo que hizo que después de esa venta de dos pólizas en una cita, pudiera cerrar las siguientes 10 pólizas, 6 de ellas en la primera cita y las otras 4 en máximo dos citas. Jamás imaginé que pudiera tener cierres consecutivos. Eso me dio mi lugar en aquella cena con los demás asesores de seguros. ¿Y sabes? Más de uno, como Jorge, se acercó a mí para elogiarme "el reconocimiento". Honestamente, el reconocimiento es lo de menos. YO AMO EL PROCESO que me llevó a él. Sobre todo, que hoy me tiene aquí, con la oportunidad de poderte ayudar.

La verdad, nadie me hizo la pregunta correcta, ¿qué estás haciendo para obtener esos resultados? Y te diré en un renglón por qué no lo hacían: **no tenían la disposición de "divorciarse" de su historia de vendedor tradicional para descubrir el camino que te lleva a una venta exitosa.** Por lo tanto, como tú sí tienes interés en saber, y por esa razón estás leyendo este libro, que dos freelancers apasionados de las ventas decidieron revelar (Ariel y yo), aquí te va: el secreto es CONEDTA.

CONEDTA, es el acrónimo del sistema que nos ha dado resultados consistentes de ventas a mí, a mis clientes y alumnos por más de 3 años. Cada letra significa lo siguiente:

1. **C**onfianza
2. **N**ecesidades
3. **D**escalifica
4. **T**rasmite la Oferta Irresistible
5. **A**fianza a tu cliente

Confianza

Hasta los mejores vendedores de la historia, experimentan estrés antes de una cita. Si voy a hablar en público, aunque ya lo haya hecho para cientos de personas, al principio me da nervios. Sensación que ya cuando comienzo a hablar, se va y me siento estupendo. En cada cita de ventas, llamada, correo, mensaje o audio que envíe a un cliente, me hace sentir cierto nivel de estrés.

Esa es la razón por la que generar confianza, te ayudará a reducir el nivel de tensión que pueda haber en cualquier interacción humana. Sí, leíste bien, CUALQUIER INTERACCIÓN HUMANA. ¿Por qué necesitas confianza? Debido a que antes de que la persona frente a ti, te de su dinero a cambio de lo que tienes para resolver su problema o satisfacer su necesidad, requieres conseguir dos elementos más:

Su tiempo

y

su atención

Si no cuentas con estos dos elementos, no tendrás la oportunidad de construir confianza. Descubrí que hay 3 formas de generar confianza en una persona:

1. Rapport conversacional
2. Rapport físico
3. Las 6 leyes de influencia del Dr. Robert Cialdini

Necesidades

Sería mentiría si te dijera que tengo una etapa del proceso favorita porque en realidad TODAS ME ENCANTAN. Detectar necesidades, es una etapa MUY ESPECIAL dado que durante los primeros minutos de la interacción, me daré cuenta si puedo generar una venta. Sin embargo, no significa que, por el hecho de darte cuenta de que no lograrás una venta, no vayas a desarrollar una relación con la otra persona. ¡Ahí está el secreto!

En esta etapa es dónde comienzas a forjar la relación que en el paso anterior iniciaste. Vuelve a leer el renglón pasado si es necesario. Recuerda que tu misión es desarrollar relaciones de largo plazo. Un "vendedor tradicional" le quiere vender a todo lo que se mueve... ERROR.

Cuando abordas a una persona para venderle, te podrá responder lo que le dijo Di Caprio a Jennifer Connelly en Diamante de Sangre: "Prefiero que me des un beso, antes de que nos vayamos a la cama". Sí, incluso a Jennifer Connelly, le puedes decir eso. Date "postura", como le encanta decir a un alumno que tengo. O como lo dice Dale Carnegie, en su libro "Cómo Ganar Amigos e Influir en las Personas (obra maestra)": el tema favorito de las personas es hablar de sí mismos. Es tan sencillo como esto:

Justo llegando a la cita o iniciando la llamada.

Cliente: - A ver Pedro, ya dime, ¿cuánto me va a costar?
Pedro: - ¡Wow! ¿Tan rápido? Mira, ¿para qué te digo cuánto te va a costar, si todavía no sé si lo que vendo es para ti?

Es probable que al leer la línea anterior, no te sientas tan cómodo para decirla. Es normal, y puedo identificar algunas creencias limitantes al respecto (pensamientos que dictan nuestro actuar a un comportamiento no deseado):

- Al cliente, lo que pida.
- Si me pide el precio, se lo tengo que dar inmediatamente.
- El cliente siempre tiene la razón.
- Pues es el cliente, es correcto que me pida el precio.
- Si me está pidiendo el precio, es que está muy interesado en comprar.
- Después de darle el precio, lo convenzo

Un vendedor tradicional, le hubiera dado el precio de inmediato para después citar el discurso de "merolico[1] placero". Lo que no sabe ese vendedor, es lo que genera en la otra persona. Descubrir por cuenta propia, si lo que le están queriendo vender, realmente, encajará en sus planes, resolverá su necesidad y valdrá la pena darle el dinero que está pidiendo a cambio. Tú no quieres que te pase eso, ¿verdad?

Continuando con la conversación inicial, observa cómo lo hago:

Cliente: - A ver Pedro, ya dime, ¿cuánto me va a costar?

Pedro: - ¡Wow! ¿Tan rápido? Mira, ¿para qué te digo cuánto te va a costar, si todavía no sé si lo que vendo es para ti? Primero me gustaría saber, ¿qué es lo que estás buscando? Si encuentro que no puedo hacer nada por ti, seré el primero en decírtelo; pero si veo que SÍ tengo una solución

---

[1] En México, se conoce como merolico a los vendedores callejeros que hablan y hablan mientras engañan a la gente para que compre productos de dudosa calidad.

para tu necesidad, veremos juntos si ya estás lista para adquirirla.

Descalifica

¡Uuuf! ¡Uuf! ¡Y recontra uf! Después de que descubras cómo "descalificarás" a tus no clientes, amarás vender. Eso me pasó a mí. Retomaré la última parte de la conversación que te propuse hace un momento. Justo este párrafo es descalificador: "Si encuentro que no puedo hacer nada por ti, seré el primero en decírtelo. Pero si veo que SÍ tengo una solución para tu necesidad, veremos juntos si ya estás lista para adquirirla".

Perry Marshall, es un MONSTRUO de las ventas y del marketing. De él, aprendí el principio de la descalificación. El proceso de venta, no es un proceso de **convencimiento**, es un proceso de **descalificación**. Tema que abordáremos más adelante a profundidad y te reveláremos cuáles son los 5 descalificadores que te ayudarán a saber si vale la pena tener una cita de ventas con tu prospecto.

Trasmite la Oferta Irresistible

La mayoría de los humanos, hemos pasado por ese momento dónde frente a ti, están esas dos ventanas a la quinta dimensión. Por dentro te estás derritiendo por dar el siguiente paso. Quieres sentir cada vez más cerca ese cálido aliento, esa respiración de su nariz rozar tus labios. Medir con la mirada como cada labio se acomoda en los suyos para... ok... me proyecté.

Experimentamos el mismo nivel de dopamina, serotonina y oxitocina cuando estamos a punto de dar ese beso irresistible. Estamos deseando que suceda. Y cuando toda la situación lo amerita, simplemente no hay manera de que nos echemos para atrás. Entonces compramos. Y cuando no lo hacemos teniendo enfrente una oferta irresistible, DUELE. Los hombres entendemos esto perfecto. En las mujeres no sé cómo es; pero sé que si no damos el paso cuando TODO ALREDEDOR LO AMERITA, si siente horrible.

Afianza a tu cliente

Esta etapa es crucial y, ¿te confieso algo? Cuando comencé a vender Seguros y a cerrar ventas desde la primera cita, mucho subestimé esta parte. Es la primera vez que lo digo abiertamente porque hace poco, un cliente nos pidió un curso de Servicio al Cliente. Con una estrategia de Servicio al Cliente, afianzas la relación. Yo, pensaba que el Servicio al Cliente era lo más fácil; hasta que descubrí el Marketing Invisible.

A mí, a sí me gusta llamarlo. Se llama Marketing Invisible porque te permite crear Ventas Invisibles. Es decir, la gente no se da cuenta de que está comprando sin que tú le vendas ¿No es eso genial? Es una estrategia que le está dando ventas a mi socia con un desgaste mínimo.

Recuerdo la vez que ella me dijo:

- Pedro, estoy acostumbrada a tener de 6 a 10 citas a la semana. Y esta semana solamente hemos asistido a 2.

Pedro: - ¿De esas 2 cuántas ventas cerramos?

Socia: - Dos.

Pedro: - ¿Quieres 10 citas o quieres citas que te generen ventas?

No se había completado ni 1 mes cuando tuvimos 5 citas y en todas cerramos ventas. Cien por ciento de eficacia.

Vamos, en una cita no únicamente concretamos un negocio; sino que de esa misma cita, de derivaron MÚLTIPLES VENTAS. Así con cada una.

¿Te gustaría ir a citas que te
generen AL MENOS una venta?

Si respondiste sí, sigue leyendo, ponte tus audífonos y busca en Spotify o YouTube, Patience - Live, Slash – Made In Stoke con Myles Kennedy.

PEDRO GARCÍA SANTOS

CAPÍTULO 3

Nicho de mercado

Pensar que todas las personas
son tu cliente, es un gran
chiste que da miedo.

Uno de los principales retos que tienes al iniciar tu carrera como profesional independiente (sea lo que sea que vendes), es encontrar tu lugar en el mundo de los negocios.

Muchas veces tus gastos mensuales, tus deudas y otros compromisos económicos, evitan que tengas el tiempo suficiente para pensar qué vas a vender, a quién le vas a vender y cómo lo vas a vender. El paradigma más común cuando se tiene urgencia de ventas, es creer que si ofreces más productos y servicios en tu catálogo, tendrás mayores posibilidades de éxito. Esa idea, tenía sentido cuando la oferta no era tanta ni tan vareada. En los años 30´s, la gente iba a la tienda y ahí, encontraba todo lo que necesitaba porque no había más tiendas.

¿Por qué cobra más un
cardiólogo que un médico general?

Imagina que tienes una fuga de agua en tu casa. Te das cuenta de que es algo que tú, no puedes solucionar (por la razón que sea) y decides contratar a alguien para que lo realice. Tienes dos opciones, el todólogo o el fontanero. ¿Cuál de los dos tiene más posibilidades de hacer un trabajo de mayor calidad? La respuesta evidente, es el fontanero; esa es su especialidad. ¿Cuál de los dos crees que te dará un precio más bajo? Definitivamente el todólogo.

Reflexionemos un poco sobre por qué el todólogo no se ha especializado en una profesión. Una razón sería que no le interesa desarrollarse para ser más profesional. Piensa que la experiencia le dará todos los conocimientos que necesita. Otra razón es que cree que si solamente ofrece servicio de fontanería, se morirá de hambre porque no tendrá suficiente trabajo. Una razón más, sería que, como la gente necesita más servicios, ¿por qué no ofrecerlos él mismo?

Cada una de las razones anteriores, tiene sentido para la persona que posee ese viejo paradigma. Sin embargo, todos sabemos que cobra más el especialista que el médico general. Así, una de las ideas que necesitas poner en funcionamiento a tu vida profesional, es la especialización de aquello en lo que deseas trabajar.

Ahora surgen algunas preguntas que necesitas responder:

1. ¿En qué soy realmente bueno?

2. ¿Qué me gusta hacer?

3. ¿Cómo puedo integrar las dos respuestas anteriores y monetizarlas?

Si quieres implementar estrategias de marketing, estrategias de prospección y estrategias de ventas, sin tener claro qué vas a vender y quién es tu cliente, gastarás muchos recursos careciendo de grandes resultados. Uno de mis amigos que se dedica a dar entrenamientos de desarrollo personal, tiene un catálogo de productos muy variado. Vende PNL, Inteligencia Emocional, Inteligencia Financiera, Ventas, Liderazgo, Coaching, Hipnosis, Persuasión, etc. Él, dice que la gente requiere conocimientos en todas estas áreas para lograr la plenitud. Eso podría ser cierto en la mayoría de los casos. La cuestión es que él, invierte grandes cantidades de dinero en publicidad para todos sus cursos cuando podría invertir todo en una sola causa.

En mi caso, mis conocimientos son muy amplios en cuanto al comportamiento humano. Por ello, la cantidad de temas que podría enseñar es significativa. Así, para enfocar mi trabajo en la Metodología del Liderazgo Persuasivo, me di a la tarea de responder la pregunta:

¿En qué soy realmente sobre saliente?

En ese momento, sabía que tenía habilidad para inspirar a las personas. De hecho, cree una formación para entrenadores que trabajarían conmigo en algunos proyectos. Dentro de esta formación, les enseñe a mis alumnos cómo ganarse al público en el escenario y cómo persuadir al público para adoptar tus ideas; por supuesto, siempre en un sentido orientado a la inspiración, manteniendo la ética profesional.

Descubrí entonces, que las habilidades que yo usaba para hablar en público, también las implementaba al conversar con una, dos o tres personas. De ahí, surgieron Los 5 Principios de la Persuasión que explico en mi libro "La Llave Secreta para Influir la Mente de una Persona". De hecho, escribí ese libro porque comprendí que tenía facilidad para influir a las personas. Entonces mi tema sería **la persuasión**.

Al poco tiempo de lanzar a la venta mi primer libro, acepté que la persuasión, es una herramienta que puede ser usada en muchas áreas. Eso complicaba la venta de cursos y talleres al respecto. La gente que se dedica a vender, quiere persuadir al cliente para que compre; la gente que tiene gente a su cargo, quiere persuadir a sus colaboradores para que trabajen mejor; la gente que tiene pareja, quiere persuadir a su pareja para que le siga amando; la gente que no tiene pareja, quiere persuadir para seducir; la gente que tiene hijos, quiere persuadir a sus hijos para que le hagan caso; la gente que no tiene gente a su cargo, a veces quiere persuadir a sus compañeros de trabajo para que no entorpezcan sus funciones. ¿Notas la amplitud del mercado?

Tome las áreas más comunes y me puse a realizar pruebas en Facabook para descubrir qué temas eran los más demandados. Encontré que el liderazgo tenía mayor relevancia y después las ventas. En ambas áreas yo, tenía experiencia; sin embargo, en el liderazgo, el mercado era más grande.

Ahora ya sabía que me enfocaría en el liderazgo; pero aquí descubrí que también hay mucha gente que enseña el mismo tema. Bueno, pues mi liderazgo es persuasivo; es decir, te doto de habilidades para que puedas incrementar tu liderazgo, enfocado en aumentar tu capacidad de influir y persuadir. Es decir, mi segmento de mercado es la influencia y persuasión orientada al liderazgo.

Entonces, respondamos las 3 preguntas:

1. ¿En qué soy realmente bueno?
En influir y persuadir a la gente.

2. ¿Qué me gusta hacer?
Escribir libros, dictar conferencias y dirigir entrenamientos de alto impacto.

3. ¿Cómo puedo integrar las dos respuestas anteriores y monetizarlas?

A través del Liderazgo Persuasivo.

Quiero que sepas que llegar a esta conclusión, me llevó cerca de doce meses. Una vez que tuve claro mi nicho de mercado, decidí escribir el libro "Neuroliderazgo Persuasivo: 22 Trucos Psicológicos para Aumentar tu Liderazgo". La finalidad fue encauzar mis libros hacia mi segmento de mercado. ¡Ah! Y si te estás preguntando por qué escribo sobre ventas si decidí que mi tema era el liderazgo, te diré que la razón es porque ventas, es la segunda área (después de liderazgo) donde la persuasión es más concurrida.

Posiblemente, encontrar el segmento donde podrás trabajar de mejor manera, te lleve un poco te tiempo. No te desesperes y tómalo con calma. Para este libro, tuvimos que hacer varias sesiones con Pedro para identificar qué queríamos enseñar, pero sobre todo a quién se lo queríamos enseñar. Las ventas, dan vida a todas las empresas; sin embargo, no todos los productos se pueden vender de la misma manera. Por ello, decidimos enfocarnos en profesionales independientes, en Freelancers. La razón, el éxito de nuestras carreras se derivó de iniciar de ese modo.

1. ¿En qué soy realmente bueno?

Es importante que comprendas dos cosas: siempre habrá gente que sepa más que tú o que tenga más habilidades que tú y siempre habrá gente que sepa menos que tú o que tenga menos habilidades que tú. De este modo, te invito a que te enfoques en la gente que tiene menos conocimiento del que posees. Es a esas personas, a las que podrás apoyar de mejor manera.

2. ¿Qué me gusta hacer?

Aquí, el truco es que tu pasatiempo pueda ser parte de tu profesión. No necesariamente todos tus pasatiempos. En mi caso, podría parecer que fue fácil la fusión entre lo que sé hacer y lo que me gusta, pero ahora se ve así porque ya lo encontré. Por ejemplo, una de mis clientas y ahora gran amiga, Cecilia Mila, es Química de profesión y es extremadamente buena en crear relaciones. ¿Qué hizo? Crear un laboratorio de análisis clínicos dónde ella, se encarga principalmente de las relaciones comerciales. Un caso más, Sergio Montaño, un empresario del reciclaje. Él, es sumamente bueno en ventas y una de sus pasiones es el cuidado del planeta.

Como te puedes dar cuenta, sí se puede hacer una fusión entre lo que sabes hacer y lo que te gusta; sólo hay que buscarle.

3. ¿Cómo puedo integrar las dos respuestas anteriores y monetizarlas?

Ya te adelante de manera breve unas ideas. Cecilia, creo un laboratorio y Sergio una empresa recicladora. Al integrar ambas respuestas, también necesitas ubicarlas en un subsegmento de mercado; de modo que, a pesar de que el segmento es más pequeño, tus posibilidades de éxito sean mayores.

Sergio Montaño, empezó su negocio tratando de abarcar todo tipo de residuos. Creía que de ese modo, podría generar mayores ingresos. Le funcionó los primeros meses, pero después comenzó a tener problemas. Necesitaba espacio para cada categoría de producto, un trato especial para cada producto y lo peor, cada cliente de material reciclado, le pagaba sólo por el volumen del tipo de producto que él compraba.

Después de varias conversaciones y asesorías con Sergio, él, identificó que el mercado de los residuos tecnológicos no estaba bien atendido. Decidió enfocarse en dicho subsegmento. Además, también descubrió que había muchas empresas especializadas en cartón, en plásticos y en metales. Sus posibilidades de éxito son mayores porque, a pesar de que las otras empresas son más grandes, él, es el único que se especializa en residuos tecnológicos. Tiene todo un discurso de por qué le beneficia más al planeta, que le entregues a su empresa tus residuos electrónicos y no al recolector de basura.

Toma el nicho de mercado en el que te encuentras y divídelo en segmentos. Luego, esos segmentos, divídelos en subsegmentos. Paolo, empresario mexicano, se dedica a la construcción. Su mercado es la construcción, su segmento, son los acabados y su subsegmento son los acabados especiales para casas habitación. Con este dato, ¿sabes dónde prospecta? En los clubes´s privados y jugando golf.

Algo que requieres cuidar, es que el tamaño del segmento, sea suficiente para que puedas trabajar en él o que tengas la capacidad de ampliar tu territorio. Por ejemplo, Jorge vende equipos especiales para hospitales. Dichos equipos, por lo general, se compran una sola vez, al momento de construirlos. ¿Cuántos hospitales al mes crees que se puedan construir en una ciudad? El subsegmento es muy pequeño como para que pueda soportar la operación comercial en una sola ciudad. Por eso, Jorge vende en todo el país. Eso implica un gasto de ventas mayores, pero él, ha sabido hacerlo rentable.

Ahora te toca a ti, escribe en qué mercado está tu negocio, en qué segmento se encuentra y cuántos submercados puedes identificar:

Mercado:_____

Segmento:_____

Subsegmento 1:_____

Subsegmento 2:_____

Subsegmento 3:_____

Por lo menos encuentra 3 subsegmentos para que tengas opciones. Si identificas más, mejor.

Una vez que tienes reconocido el subsegmento donde puedes trabajar, tendrás la oportunidad de identificar quién es tu cliente. Ello, te llevará a descubrir cómo puedes atraerlo para que decida comprarte. De hecho, en el capítulo Prospección Digital, te vamos a dar herramientas para que sepas cómo atraer una cantidad masiva de prospectos a través de internet. Por esta razón, es totalmente necesario que hayas leído este capítulo y el siguiente, Tribu. Además, hacer las actividades que en cada uno te pedimos, de lo contrario, no podrás ejecutar nada en Prospección Digital.

Para terminar esta parte, te recomiendo tomarte un tiempo para aterrizar algunas ideas y lograr identificar (lo más posible), en qué subsegmento vas a trabajar. ¡Sigue disfrutando este proceso!

CAPÍTULO 4

Tribu

> Si nadie te sigue,
> nadie te compra.

Una vez que ya sabes en qué subsegmento vas a trabajar, necesitas conocer cuáles son las características de la gente que será tu cliente porque con estas, sabrás cómo los puedes atraer. En uno de sus vídeos en YouTube, Dan Lock, dice que debemos dejar de pensar en prospección como método para atraer posibles clientes y en su lugar, pensemos en **posicionamiento**.

Verás, cuando estás prospectado, de alguna manera estás yendo detrás del posible cliente; mientras que, cuando te posicionas, es el posible cliente quien va hacia ti. El asunto es que al inicio, el posicionamiento da resultado más lento mientras que la prospección, puede generar resultados a corto plazo, solamente que no son resultados que puedan escalarse.

En nuestra época, vivimos en una de las mejores que ha existido para lograr posicionamiento de una manera más accesible. Eso se debe al internet y las redes sociales. Pero no pienses que tienes que abrir un canal en YouTube y esperar a que los clientes caigan uno detrás de otro. Primero necesitas identificar qué está buscando tu cliente ideal y cómo lo está buscando.

Lograr posicionamiento puede ser de diferentes maneras: subiendo contenido a Facebook, a Instagram, a YouTube, grabando Podcast, con un Blog, con un boletín online, con un programa de radio o con un libro... o varios. Todo dependerá del lugar donde tu cliente esté presente con mayor frecuencia.

Así, el primer paso es identificar a tu avatar, para lo cual, requieres definir 3 dimensiones: geografía, demografía e intereses.

Geografía

Si no pasaste en blanco la escuela, comprendes que se refiere al lugar dónde quieres vender tu servicio. Si vendes servicio de jardinería, seguramente prefieres vender dentro de la ciudad en que vives; pero si te especializas en diseño de jardines, quizá, quieras llegar únicamente a la parte de la ciudad con mayor poder adquisitivo.

Por otro lado, imaginemos que tu servicio es la traducción de textos médicos del idioma inglés al español; entonces, podría convenirte pensar en todos los países que hablan español.

Demografía

1. Las personas que necesitan tu servicio, ¿normalmente son hombres, mujeres o ambos?

La mayoría de productos son comprados por hombres y mujeres, sin embargo, a veces hay una tendencia hacia un género. Por ejemplo, un hombre podría comprar una bolsa para su esposa o para él (tendencias sexuales libres); pero estarás de acuerdo que sería raro y que las posibilidades son pocas. Por ello, no tendría caso dirigir un mensaje para hombres y mujeres por los pocos hombres que comprarían una bolsa.

Los grupos de hombres y los grupos de mujeres, tienen motivaciones diferentes. Así, debes identificar para quién será tu mensaje principal y centrarte en ese público.

2. ¿Qué intervalo de edad es más propenso a necesitar tu servicio e identificar si tiene para pagar?

La mayoría de mujeres necesitaría comprar un vestido, pero el tipo de vestido será diferente de acuerdo con su edad. En general, las más jóvenes tienen más posibilidad de comprar un vestido corto que las mujeres más adultas. Por ello, si vendes vestidos cortos, no sería una buena idea hacer una campaña para atraer a mujeres mayores de 45 años.

- Oye Ariel, pero sí hay mujeres mayores de 45 años que usan vestidos cortos.

¡Exacto! El asunto es que son la minoría. A veces pretendes ampliar tu mercado y la cantidad de productos que ofreces porque no estás vendiendo, pero eso hará que vendas menos y que sea más difícil escalar tu negocio.

Intereses

Acá de lo que se trata, es de que encuentres qué tipo de gustos tienen las personas a las que deseas llegar. Por ejemplo, si te dedicas a la recolección de desechos tecnológicos, podrías buscar gente que esté interesada en el bienestar del planeta, el calentamiento climático, en reciclaje, etc. El común, serían **actividades enfocadas al bienestar del planeta y de los ecosistemas**. Si quieres vender limpiezas faciales a mujeres, podían tener interés en el cuidado de la piel, tratamientos antienvejecimiento, gusto por el buen vestir y demás **comportamientos que las hagan lucir mejor.**

Nota que no solamente estás buscando que tengan interés en tu servicio de manera específica, pero sí de productos que estén relacionados a tu servicio. Podría ser que funcionen como un previo a tu servicio, un complemento o un proceso después. Imagina que tu servicio es Coaching para Ejecutivos. ¿Qué podría estar buscando dicho ejecutivo? Podemos suponer que está interesado en incrementar su rendimiento, su productividad, sus habilidades blandas, su liderazgo, sus ingresos, subir de puesto, incrementar sus estudios técnicos, etc.

Montse Ríos, asesora a las madres que desean educar en casa a sus hijos. Cuando inicié mi consultoría con ella, no tenía completamente claro quién era su avatar. Pensaba que podría asesorar a la familia completa, sin embargo, descubrimos que quién realmente tomaba la decisión era la madre. La razón es debido a que sería ella, la madre, quien se haría cargo de guiar a sus hijos para que estudiaran. Por ello, era necesario que la madre fuera ama de casa y con hijos de aproximadamente ocho años; es decir, mujeres en un intervalo de edad entre 30 y 40 años. Por su parte, el padre sería quien se haría cargo de cubrir los gastos; entonces, era conveniente que fuera una familia con cierto nivel de ingresos. Además, el matrimonio debería estar en un buen estado para que la decisión de educar a sus hijos en casa resultará atractiva. Estas mamás, también estaban interesadas en temas sobre educación de los hijos, cuestiones holísticas, desarrollo personal, inteligencia emocional, etc.

Con toda la información anterior, es más fácil que puedas tener presencia en los lugares donde más posibilidades tienes de encontrar gente con dichas características; ya sea en internet o de manera presencial. Como te dije antes, Paolo, se dedica a hacer acabados novedosos en casas habitación. Su producto no es una necesidad, así que requiere llegar a un segmento de mercado con mayor poder adquisitivo. Él descubrió que la mayoría de veces los cuartos que rediseñaba, eran los de adolescentes, pero pagaban los padres. De esa manera, empezó a asistir a un prestigiado Clud de la ciudad. Mientras se divertía, hacía relaciones y cuando le preguntaban a qué se dedicaba, obtenía clientes.

La lucha

Para que la gente se identifique con tu causa, es necesario que definas contra qué estás luchando. Con el Liderazgo Persuasivo, estamos luchando contra todas las personas que llenan de etiquetas al líder y hacen que parezca muy complicado serlo y también luchamos contra los tiranos, de modo que la gente esté preparada y no se deje manipular por ellos.

Si trato de enseñar liderazgo por enseñarlo, la gente no va a tener una motivación para querer unirse a mi causa. Ahora, si tu servicio es diseño de páginas web, tu lucha podría ser contra los seudodiseñadores que no tienen ninguna preparación y todo lo hacen a través de plantillas en WordPress. Y si estás del otro lado, que tu servicio es hacer páginas con plantillas de WordPress; entonces tu lucha podría ser contra los careros que cobran mucho dinero por diseñarte una página compleja que podría generar las mismas visitas que una hecha con plantillas de WordPress. El objetivo es justificar las sospechas de quien puede ser tu cliente.

Siguiendo con el ejemplo de las páginas web. Una persona que apenas comienza a tener presencia en la red y tiene poco presupuesto, se identificará con la lucha en contra de los diseñadores que te cobran las perlas de la virgen. En cambio, una persona que trabaja para un corporativo internacional, seguramente querrá darle una imagen única a su página web y se identificará más con la lucha en contra de quién usa plantillas para la creación de páginas web.

Sin lugar a dudas, las personas que no se identifiquen con tu lucha, podría no compartir tu filosofía y no serán tus clientes; pero de todos modos no serían tus clientes si no hubiera una lucha. La ventaja es que aquellos que sí comparten tu lucha, se asociarán más contigo.

Lo anterior, hace que muchos Freelancer sientan miedo al pensar que habrá gente que no les comprará sólo por la filosofía de su marca; pero, aunque fuera muy radical, encontrarían un nicho de mercado que hará clic con ellos. Eso sí, podría ser muy reducido y no ser rentable.

A la hora de establecer contra qué estás luchando, es importante que tengas congruencia y que sepas que se podrán asociar muchas personas. Por ejemplo, en ventas, ya todos estamos hartos de los vendedores de la vieja escuela donde te presionan a comprar. La mayoría de gurús de las ventas, le tira a la vieja escuela. ¿Y qué dicen los gurús de la vieja escuela? Pues que si eres vendedor, debes saber cerrar a toda costa, sino únicamente eres un levanta-pedidos. Sin embargo, el mercado dicta una clara tendencia que se aleja de la venta coercitiva. Al final, eso importa más que tu grito de lucha.

Si eres fotógrafo, usas cámaras de rollo y tu lucha es contra las fotos con cámaras digitales; tu nicho de mercado será muy reducido con tendencia a desaparecer. Aunque tu mensaje sea muy bueno, pocas personas se engancharan.

CAPÍTULO 5

Oferta Irresistible

No es lo que vendes,
sino cómo lo presentas.

A principios del siglo pasado, el filósofo Wallace Wattles, escribió su libro "La ciencia de hacerse rico". En él, explica que la riqueza llegará más fácilmente a tu vida, si eres capaz de dar más valor a los demás de lo que ellos te dan a ti. En ventas, significa que des a tu cliente más valor de lo que este paga. No quiere decir que estés dispuesto a perder dinero ni que sacrifiques tus utilidades. A menudo, la gente suele pensar que lo único que le pueden dar a su cliente es un descuento y con ello, conseguir que compre. Comprendo que puede funcionar, pero no es el único elemento.

La tendencia de muchos emprendedores, es tratar de cobrar todo el tiempo todo lo que le dan a su cliente. A veces es porque no tienen ventas y si no lo cobran, sienten que morirán de hambre. Otras veces, solo es arrogancia.

Piénsalo por un momento; ¿cómo se sentiría tu pareja si le das más de lo que ella o él te da a ti? Es muy posible que hayas pensado que se sentiría muy bien y al mismo tiempo surgiera la pregunta: ¿pero qué hay de mí? Y es precisamente esa estructura de pensamiento, la que genera que no hagas más por tu pareja o que no te entregues plenamente. De hecho, esa misma estructura de pensamiento, podría ser la misma causa de que no puedas vender más. Si tú, das todo a tu pareja, solamente hay dos caminos: te corresponde con lo que puede dar o no lo hace. Si no lo hace, la decisión que requieres tomar, es evidente. En caso de que sí trate de corresponder lo que le das, pero no lo haga de la forma que tú quieres o en la cantidad que necesitas, te verías en una encrucijada (y de ser el caso ve a terapia).

En el caso de las ventas, si tú, le das todo a tu cliente a manos llenas, también habría dos caminos: que no te corresponda o que trate de corresponder. Si no te corresponde, lo más probable es que no está bien perfilado y no es tu cliente, aunque también podría ser que tu oferta no es atractiva o no le da solución a sus necesidades más urgentes. Si sí corresponde a todo lo que das, podrían ocurrir dos cosas, que lo haga pagando el precio que le das o que quiera comprarte, pero no tenga dinero para aceptar tu oferta; lo que significaría que está mal perfilado o que tu oferta no es suficientemente atractiva para que tu cliente sienta que necesita adquirir tus servicios ahora.

En primera instancia, tu oferta debe dar una gran solución a la necesidad de tu cliente, aunque eso no signifique que será algo muy distinto a la competencia. La diferencia vendrá con todos los complementos que darás para incrementar las posibilidades de éxito de tu cliente. Por ejemplo, en mi método Liderazgo Persuasivo, tenemos un evento presencial de dos días. Hasta aquí, es fácil que te encuentres con cientos de cursos que hablen sobre liderazgo y duren de uno a dos días. ¿Cuál es el problema para los participantes de todos estos cursos? Si normalmente te capacitas, sabes que el conflicto surge cuando el curso termina. El entrenador se olvida de ti o únicamente te busca para tratar de venderte algo más. La situación problemática surge cuando lo que aprendes lo llevas a la práctica. Hay dudas, hay preguntas, hay circunstancias que no te contaron y necesitas retroalimentación para afinar tus conocimientos y habilidades. Es realmente frustrante pagar por aprender una metodología, seguirla y no obtener el resultado que te prometieron. Y la mayoría de veces no es porque no tengas la capacidad ni porque la metodología no funcione, sino porque hay elementos que no conoces en su totalidad.

Sabiendo lo anterior, ofrecemos un seguimiento grupal de 3 meses. Además, los participantes tienen acceso a lecciones online que son más de 50 horas de aprendizaje. Y también cuentan con una garantía de resultados, si en 9 semanas no sienten que han mejorado en nada sus habilidades de liderazgo y persuasión, les regresamos su dinero. Y esta garantía es porque, cuando compras un curso, muchas veces tienes dudas de que la información realmente te ayudará en lo que necesitas.

Ahora imagina que hay una persona que quiere incrementar sus habilidades de liderazgo. Tiene dos opciones, ir a un curso que dura dos días y es todo lo que obtiene o ir a un curso de dos días, donde además, le dan todo lo que mencioné en el párrafo anterior. ¿Cuál oferta será más atractiva? ¿Cuál oferta se ve más profesional? ¿Por cuál oferta estaría dispuesta a pagar más?

En este punto, necesitas ponerte creativo para encontrar qué le puedes dar a tu cliente, que para él signifique un alto valor mientras que para ti sea de baja inversión. En mi caso, un curso en línea lo tengo que hacer solamente una vez, después ya no significa ningún esfuerzo que lo vea una persona o un millón. Y en el caso de la garantía, tampoco significa ningún esfuerzo. Hay cierto riesgo de que necesites regresar el dinero; sin embargo, la gente que paga por un servicio, casi siempre lo hace porque cree que le dará lo que quiere. Si le das los elementos para que suceda, será difícil que no obtenga resultados… a menos que tu oferta sea increíble y tu servicio sea un asco.

Lo primero que requieres, pensar es: ¿qué más necesita mi cliente al recibir mi servicio? Esto, pensando en que le ofreces sólo un servicio y de ahí, se deriva todo lo demás como un bono especial. Si vendes diseño de páginas web, tu cliente va a necesitar orientación para que la página tenga visitas y para que esas visitas dejen sus datos. Entonces, podrías diseñar la página web y además darle un curso en línea sobre cómo crear tráfico y sobre respuestas automáticas a través del correo electrónico. Quizá también uno sobre cómo escribir artículos para un blog. Para ti tendría un costo bajo y sólo lo harías una vez, pero para tu cliente sería un complemento de mucho valor. Ahora, tu oferta deberá incluir todo lo que das al costo que lo das. No puedes ofrecer todo el conjunto a un precio y vender el puro diseño de la página a un costo inferior. De ese modo, tendrías dos ofertas distintas.

Imaginemos que te dedicas a la jardinería y tus clientes son personas que quieren montar un jardín bonito. ¿A qué problemas se van a enfrentar antes o después de haber construido su jardín? Yo no lo sé, pero especulemos un poco. Si son personas que normalmente no han tenido jardín, los problemas podrían llegar desde saber qué lugar es el mejor, qué tipo de plantas y flores de acuerdo con las condiciones del lugar dónde viven y después de tenerlo, cómo cuidarlo y mantenerlo lindo. Así, pensaría en dar algo que, de manera sencilla, les ayude en todo el trayecto y a mantener su jardín hermoso. ¿Quién crees que es más profesional, el que únicamente hace el jardín o el que te guía en toda la jornada? ¿A quién estarías dispuesto a pagarle más?

Es importante que comprendas, que el enfoque debe estar en dar a tu cliente, bonos que para él, signifiquen gran valor y que para ti, no representen un gasto muy grande que impida su ejecución. En mi libro "Vendedores Tenaces: Cómo dominar tu mente para vender más", te explico cómo puedes evitar que el precio sea un problema de manera más específica; pero te puedo adelantar que hay dos elementos que son de suma importancia: valor percibido y valor de uso.

Valor Percibido

La diferencia entre caro y costo, se encuentra en la percepción de la gente. Si el cliente tiene la impresión de que la calidad de tu servicio está por debajo del costo que pides, no compra porque sería caro. Entonces, costoso es cuando la persona percibe que la calidad de tu servicio es muy superior al precio que pides, pero no tiene para pagarlo. Es evidente que dicha persona no sería tu cliente. El reto se encuentra, en hacer que tu cliente perciba que tu servicio es costo: pero, por todo lo que das, está barato.

Vas a una fonda a desayunar. El precio es accesible, pero sólo incluye el platillo. Si quieres algo para beber, tienes que pagar un costo adicional; si quieres pan o tortilla, tienes que pagar un costo adicional; si quieres un jugo, tienes que pagar un costo adicional. Además, el lugar es reducido y las mesas son compartidas con otros comensales. Los alimentos tienen buena sazón, eso es bueno; aunque las sillas no son muy cómodas.

Por otro lado, hay una fonda que cuenta con paquetes de desayuno que te incluyen tu platillo, dos bebidas y puedes pedir que te vuelvan a llenar tu vaso. Te dan todo el pan o tortilla que desees para complementar el platillo principal. El lugar es amplio y las sillas cómodas. No tienes que compartir mesa. La comida te la sirven prácticamente en el momento. La diferencia en precio, es un 10 % más que en el sitio anterior.

Si no tuvieras un régimen de alimentación muy acotado, ¿dónde preferirías desayunar? Seguramente en la segunda alternativa. Estoy especulando, sin embargo, consideremos lo siguiente: el pan y las tortillas son de bajo costo y hacen que te sientas satisfecho más rápido; además, pueden propiciar que subas de peso, por ello, aunque tengas la opción de atragantarte, no lo harás. Bueno, la mayoría no lo haría. Referente a las bebidas, puedes ofrecer té, café y jugo; no vas a tomarte tres litros de cada uno. Ahora bien, el jugo sería el que podría significar un costo superior, pero también toma en cuenta que la persona no puede beber demasiado mientras come. Bueno, la mayoría no. Esto es referente a la alimentación. Ahora habría que buscar cómo crear un ambiente agradable dentro de la fonda, que al mismo tiempo sea de un diseño de bajo costo.

> ¿Cómo puedes hacer que la gente perciba
> que recibe mucho más de lo que paga por tu
> servicio?

Valor de uso

Aquí, de lo que se trata, es de encontrar qué puedes dar a tu cliente para que siga satisfecho con la compra a través del tiempo. La acción más obvia en este sentido, es que tu servicio sí le ayude a generar un resultado concreto que le dé solución a una necesidad real. Tu cliente necesita una página web y eso le das. Hay un resultado que da solución a una necesidad real. Si me convences con técnicas de persuasión, de que debo hacerme millonario en tres meses, trabajando dos horas al día y sin esfuerzo, para después no cumplirlo, no estaré muy satisfecho con mi compra. No obtuve un resultado en concreto y mi necesidad no era real.

Asumiendo que tienes la ética necesaria y que ofreces una solución específica, tendrías que pensar en qué más puedes ofrecer a tu cliente o qué ya ofreces, pero no se menciona. Por ejemplo, hay zapatos para caballero que tiene un costo de 35 dólares, pero que después de cien puestas, su deterioro, es significativo; o sea, la puesta te costó 35 centavos de dólar. Hay otros zapatos de mayor calidad, cuyo precio es de 154 dólares y su vida útil ronda las mil puestas; es decir, la puesta te cuesta sólo 15 centavos de dólar. Para obtener mil puestas, tendrías que comprar 10 pares de zapatos de 35 dólares, pagando 350 dólares más la inversión de tiempo. Después de saber lo anterior, ¿cuál zapato comprarías, el de 35 dólares o el de 154 dólares?

Tu competencia

Parte de tu oferta, debe incluir algo que sea especial sobre ti y qué no sea que tienes un precio bajo. Recuerda que **el que a precio mata, a precio muere**. La idea es que investigues tu mercado para saber qué ofrecen y cómo lo ofrecen tus competidores. Eso te dará una referencia de lo que tú puedes ofrecer. Además, es muy probable que tus clientes también vean esas alternativas.

Investiga lo siguiente:

1. Nombre de la oferta: ¿Cuál es el nombre que usa para atraer a sus clientes?

2. Promesa: ¿Qué resultado prometen? (Cantidad, calidad o tiempo)

3. Entrega del servicio: ¿Cómo lo entrega? ¿Qué hace único al servicio?

4. Propuesta única de venta: ¿Qué es lo que solamente ellos ofrecen?

5. Su marca: ¿En qué medios tienen presencia? ¿Qué redes sociales dominan? ¿Tienen testimonios? ¿Hay entrevistas? ¿Tienen página web?

6. Precios: ¿Cuáles son sus costos y en qué términos los ofrecen?

7. Beneficios: ¿Qué beneficios prometen al obtener su servicio?

8. Bonos: ¿Qué ofrecen a manera de bono o regalo?

9. Garantía: ¿Dan garantía? ¿De cuánto tiempo? ¿Bajo qué términos? ¿Qué específicamente garantizan?

Es posible que mientras haces la investigación, descubras que hay personas que tienen más experiencia o posicionamiento que tú. No lo tomes con mucho peso porque el objetivo es que no entres a competir con la misma propuesta.

Cuando decidí abrir mi curso en línea para ayudar a los empresarios a escribir y publicar su libro para compartir su mensaje, descubrí que había una persona que tenía un gran producto; además, estaba muy posicionada en el mercado. Sin embargo, dicha persona, el único libro que encontré con su autoría, es donde te explica cómo escribir un libro. Así que mi argumento de venta incluye que, yo, primero fui autor BestSeller de Amazon con mis primeros 4 libros, y después decidí ensañar a otros autores lo que había hecho y sigo haciendo. De hecho, ninguna persona de habla hispana que encontré en ese momento enseñando cómo escribir o publicar un libro, ha escrito más de un libro. Algunos ni eso.

Cuantos más competidores puedas estudiar, más ideas tendrás sobre cómo puedes presentar tu producto. Por ello, toma el tiempo que requieras para realizar esta tarea mientras continuas haciendo lo que ya haces para obtener ingresos.

Tus Bonos

Ahora detén por un momento la lectura y realiza una lista de todo lo que puedes dar a tu cliente que aumente el Valor Percibido y el Valor de Uso de tu servicio. Por ahora no pienses si se trata de algo costo para ti o si lo puedes o no otorgar. Lo importante es que sea una lista que contenga muchas alternativas. Procura que sean alrededor de veinte. ¡Ponte creativo!

Espero que para cuando leas esta oración, ya tengas la lista que te pedí; aunque casi estoy seguro de que no lo harás ahora. Bueno, imaginemos que sí.

Lo que sigue, es que dividas las opciones en dos listas: las que implican una inversión baja de tiempo, esfuerzo o dinero y las que implican una inversión alta. Luego, tomas la lista de las que implican una inversión alta y analizas una por una pensando cómo puedes hacer para dar ese bono mientras reduces al máximo la inversión. Por ejemplo, si tu idea era ofrecer un manual personalizado a cada cliente, podrías entregar un manual más genérico. Otro ejemplo es Facebook, tiene un sistema mediante el cual, algunos anunciantes pueden solicitar hablar con un especialista de marketing. En la llamada, tratan de resolver tus dudas y ayudarte a montar tu campaña. Al finalizar la llamada, te envían por correo electrónico los pasos a seguir; sin embargo, esos pasos forman parte de Facebook Blueprint. La información que vas a leer, es genérica, pero el acceso a ella es personalizado; es decir, te llegan los enlaces de los temas que son más relevantes para ti en ese momento.

Cuando termines de analizar cada opción, las que aún sean viables, las integras a la lista de las opciones que significan una baja inversión. Lo que vas a hacer ahora, es analizar cada alternativa de la lista imaginando que tienes miles de clientes al mes. ¿Cuáles son escalables y cuáles no?

¿Qué opciones pueden llevarse a cabo sin importar la cantidad de clientes que tengas?

Hay veces que ofreces un bono en tu oferta que es la cereza del pastel. Ese bono, es la razón que engancha a tus clientes. El problema viene cuando la cantidad de clientes sube y ya no puedes darlo. Podrías pensar dar otras cosas, quizá funcione; sin embargo, la estrategia ya no será la misma. Rafa es un asesor de marketing digital. Él, ofrece 3 sesiones de seguimiento con él mismo a cada participante de sus cursos presenciales. Son alrededor de mil al año. Estarás de acuerdo en que es difícil que pueda seguir dando este bono si quiere crecer. La cuestión es que muchas personas entran a su entrenamiento por ese bono. Hasta ahora ha podido crecer porque la mayoría de gente no aprovecha esas tres sesiones. Es probable que menos del 5 % pidan las tres.

De la lista que te quede, vas a seleccionar las que más impacto tengan en tu cliente. Para ello, la mejor manera es que el cliente lo confirme con acciones concretas. Es decir, vas a hacer pruebas ofreciendo diferentes combinaciones de bonos para ver cuál es la que tiene más conversiones o ventas. Esta etapa te llevará más tiempo, pero te apoyará a tener una oferta que sea cada vez más atractiva.

La presentación de tu oferta

Existen diferentes maneras para presentar una oferta y cada cliente suele ser diferente; sin embargo, si tienes una estructura establecida, será más fácil que puedas adaptarte a cada cliente. Te voy a dar 5 pasos que te apoyaran bastante.

1. Confirmar el problema

Tu cliente llegará a ti porque ya sabe que tiene un problema o porque intuye que podría tenerlo. El objetivo es iniciar la conversación (o lectura si es por medio de tu página) confirmando sus sospechas sobre el problema que tiene. Esto te ayudará para que se asocie al problema y para que, si no es tu cliente, se descarte en el momento.

Por ejemplo, en mi Podcast Liderazgo y Persuasión, inicie diciendo por qué creo que al líder le han puesto muchas etiquetas que complican el arquetipo de liderazgo. Luego, reduzco todo a una cualidad única que comparte todos los líderes: asumir la responsabilidad por el resultado. Sobre este tema puedes aprender más en mi libro: "Todo lo que te dijeron sobre ser líder y que es mentira".

Los líderes que han vivido frustrados porque no pueden cumplir todas las expectativas que el mercado del desarrollo personal pone en el liderazgo, sienten alivio al escuchar mi argumento. Es decir, confirman que sus sospechas eran ciertas.

2. Maximizar la situación

Aquí de lo que se trata, es de que vayas a patear el panal de abejas. Tu cliente debe ver el problema con la máxima prioridad para decidir que es momento de darle solución. Por ello, necesitas mostrar todas las consecuencias de no dar solución rápida a su necesidad, pero también, vas a citar las consecuencias negativas de que la solución no cumpla con ciertas características; las cuales, por supuesto, tu oferta sí tiene.

En el caso de mi programa para escribir tu libro, hago hincapié en que si no están escribiendo ahora, no lo harán nunca. También hago mención de que no siempre puedes escribir un libro en dos o tres meses y menos si no tienes el hábito de hacerlo. Adicional, si sólo compras un curso online, sólo estás obteniendo más información, pero no has atacado el problema real: tú sólo no puedes, requieres acompañamiento.

3. Explicar la solución

Acá, le vas a explicar a tu cliente lo que tiene que hacer para solucionar el problema. Le vas a decir abiertamente qué harías tú. Ahora bien, la explicación necesita ser muy fácil de comprender, pero difícil de ejecutar. Es decir, el cliente debe querer hacer lo que dices, pero no por él mismo.

Siguiendo el ejemplo del curso para escribir un libro. Lo que tendrías que hacer, es tener acceso a toda la información necesaria para escribir en un solo lugar. También, tener evidencia de que la información está creada por alguien que constantemente usa su metodología con éxito. Que ese lugar, te permita tener acceso a información nueva. Que puedas tener acceso a la información todo el tiempo. Que formes un grupo de apoyo para que intercambien cómo se siente y cómo superan los momentos de baja creatividad o de mucha demanda de otras tareas.

4. Crear Autoridad

En este punto, tu cliente ya confirmó sus sospechas de que tiene un problema, ya se dio cuenta de que necesita resolverlo cuanto antes y ya sabe qué camino se tiene que seguir para lograrlo. Ahora necesita saber por qué tú, eres la mejor opción.

Para lograrlo, puedes hablar de tus casos de éxito, mostrar resultados obtenidos, mostrar premios, mostrar logros y por supuesto, mostrar testimonios. La prueba social es de las mejores herramientas para crear autoridad.

Continuando con mi curso para escribir tu libro. Con mi método, he escrito 6 libros en dos años y medio. Muestro mis libros para que ven que no son librillos de 50 páginas. Muestro las capturas de pantalla de mis libros en Amazon con la etiqueta de más vendidos. También muestro los diferentes casos de éxito de mis alumnos.

5. Hacer la Oferta

Para este momento, tu cliente ya debe querer trabajar contigo. Entonces, sólo está esperando saber cuál será el costo para decidir que sí lo hará. Es muy simple, dice que lo hará o dice que no lo hará. Pero, en este momento ¿de qué depende que quiera comprar? ¿Crees que sea el precio? Tu cliente, debe sentir que los beneficios recibidos con tu oferta, superan por mucho el precio de lo que paga.

Hay que comprender que el porcentaje de cierres de venta, varía de acuerdo con el tipo de mercado y al mecanismo que usas para llegar al prospecto. Tiene mayor efecto hablar en persona, que hacerlo a través de videollamada llamada; pero tiene más efecto hacer una videollamada llamada que mandar a la gente a que sólo vea un vídeo. Entonces, si tu estrategia comercial es masiva, el porcentaje de conversión será menor que si haces presentaciones en persona. ¿Cuál es mejor? Depende de tu mercado.

A) Primero presenta el servicio principal que da solución al problema que tiene tu cliente.

B) Luego, señala uno de los problemas que ocurren si tu cliente solamente obtiene el servicio requerido. Por ejemplo, si vas a un curso presencial y es todo lo que te dan, no tienes oportunidad de poner a prueba lo aprendido ni de recibir retroalimentación y apoyo. Entonces, tendrás la necesidad de acercarte al Coach y ¿qué pasará? Que te van a querer vender un Programa de Coaching. Por ello, nosotros te lo vamos a dar cómo bono de regalo. Vas a tener acceso a 3 sesiones grupales de seguimiento.

Otro ejemplo sería: A veces nos pasa que vamos a un curso, pero es tanta la información que no tienes tiempo de asimilarla y mucha se te olvida. Por ello, tendrás acceso de 22 lecciones online que van a estar disponibles para ti todo el tiempo, de modo que cada vez que lo necesites, puedas entrar y repasar lo que aprendiste.

NOTA: Estos bonos, saldrán de la lista que hiciste en la sección de valor percibido.

C) De la misma manera, presenta todos los bonos que ofreces; pero hazlo uno por uno tomando el tiempo para explicarlo.

Es importante que el servicio principal y cada bono, tengan un precio que dé la referencia de cuánto vale obtener ese servicio de manera independiente. También, debe quedar claro cuál es la razón por la que tu oferta incluye ese bono. Es decir, que por tu experiencia, sabes que el cliente necesitará de esos servicios al obtener el servicio principal y por ello, tu oferta ya los incluye. En otras palabras, no le estás dando un analgésico para mitigar el dolor, le estás entregando la receta para que se cure y no vuelva a enfermarse jamás.

D) Apila toda la oferta. Aquí vas a hacer una recapitulación rápida de todo lo que le darás a tu cliente, donde incluirás cada bono y en cuánto está valuado. Al final de la lista, estará la suma de todo el valor que le estás entregando. Dicho valor, necesita ser considerablemente más alto del costo en el que deseas dar tu servicio o programa. Por ejemplo:

1. Curso Presencial de dos días $550.00
2. 22 clases online $750.00
3. 3 Sesiones grupales de seguimiento $450.00
4. Check list de actividades $45.00
5. Audio de hipnosis $39.00
6. Certificado $27.00

7. Garantía de reembolso (invaluable)

Total $ 1,861.00 dólares

E) De acuerdo con el tipo de mercado en el que te muevas, aquí vas a introducir urgencia y escasez. Es decir, no todos podrán tomar tu oferta y estará disponible por poco tiempo. Habrá servicios que puedes dar una vigencia de unos minutos y habrá otros que tendrás que dar una ventana de varios días o algunas semanas. La razón principal dependerá del tipo de mercado y del tamaño de la inversión. No es lo mismo decidir pagar en el momento 27 dólares que seis mil.

F) Opciones de pago. No toda la gente tiene dinero en la cuenta en espera de que tú le vendas algo. Por lo general, tendrán el dinero invertido y no siempre dispondrán de este de manera inmediata. Así, que será conveniente que puedas dar opción de pago a mensualidades. Hoy en día es sumamente fácil porque hay muchas plataformas muy confiables para ello. Según el tipo de servicio que ofreces y la geografía en que trabajes, será la que mejor te acomode.

Toma en cuenta que cada plataforma te cobra una comisión por el financiamiento; por ello, la opción de pago tendrá un costo mayor. Quien desee pagar a mensualidades, tendrá que pagar dicha comisión. Aunque también podría ser un costo previsto dentro de tus números para ofrecerlo como un bono adicional.

Si tu servicio es de un costo alto

Russell Brunson, un fantástico marquetero de Estados Unidos, menciona en su libro "Expert Secrets", que existen 4 preguntas base que necesitas hacer a tu cliente para cerrar la venta. Una vez que has mostrado al cliente lo que puedes hacer por él, hay que investigar si es conveniente trabajar con dicho cliente.

Pregunta #1

Russell, dice que debes de hacer imaginar a tu cliente que ha pasado un año y que le has enseñado todo lo que sabes. Trabajaste con tu cliente y él, ahora tiene increíbles resultados. Entonces, lo que vas a preguntar es:

¿Qué habría pasado en tu vida, tanto personal como profesionalmente, para que te sientas feliz con tu progreso?

¿Qué te haría creer que trabajar juntos fue la mejor decisión que tomaste?

De lo que se trata, es de que tu cliente pueda darte una fotografía de lo que quiere y de lo que espera lograr. Esta parte es de suma importancia porque si tu cliente no sabe responder qué habrá logrado o no lo tiene claro, no te convine trabajar con él. Dice Brunson que no importa cuán arduo trabajes ni cuanto te pague, si no puede definir lo que quiere, nunca estará completamente satisfecho con tu trabajo.

Una vez que hayas conseguido que describa lo que quiere, continuarás indagando en la razón por la que desea lo que quiere. Imaginemos que tu cliente dice algo así:

Cliente: - En un año de poner en funcionamiento tu programa de ventas, me imagino con una plantilla de vendedores haciéndose cargo de cerrar ventas, mientras yo me enfoco en crear nuevos negocios.

Freelancer: - ¿Por qué quieres que las ventas se sigan cerrando a través de vendedores? ¿Por qué deseas crear nuevos negocios?

Cliente: - Bueno, quiero un equipo de ventas para lograr estar con mi familia más tiempo y deseo más negocios porque quiero darle a mis hijos lo más que pueda.

Es en esta parte, donde ellos comienzan a revelar sus deseos más valiosos y profundos. Dice Russell, que en resumen, lo que buscamos todos es: respeto, sentir que pertenecemos a un grupo y que tenemos un propósito. Por ello, podrías indagar un poco más en las respuestas hasta encontrar un nivel de conexión superior. Ejemplo:

Freelancer: - ¿Por qué deseas estar más tiempo con tu familiar?

Cliente: - Mi padre era muy trabajador, pero casi nunca estaba con nosotros. Yo, quiero ser un buen padre y no únicamente dar dinero a mi familia, sino también tiempo.

Aquí estamos tocando una fibra más sensible. El cliente no sólo quiere un programa de ventas para incrementar sus números, quiere incrementar sus ingresos y liberar su tiempo para convertirse en el padre que nunca tuvo. Mantén en tu mente está respuesta y compárala con la de alguien que responde: No sé, seguramente, estaría feliz porque he hecho mucho dinero con tu programa después de un año. ¿Cuál de las dos personas crees que tendrá más motivación para seguir tus indicaciones o implementar tus recomendaciones?

Pregunta #2

La segunda pregunta va encaminada a descubrir por qué razón tu cliente cree que no lo ha logrado. Queremos identificar cuáles considera que han sido las barreras más fuertes que le han impedido conseguir su objetivo. Las preguntas serían:

¿Por qué aún no lo tienes?
¿Qué ha estado obstaculizándote
o deteniéndote?

Si el cliente comienza a culpar a otras personas, circunstancias externas o cualquier cosa que está fuera de su control, no deberías trabajar con él. Recuerdo una señora que quería que le enseñara Programación Neurolingüística para tratar de curar sus creencias negativas. Me dijo: "Ariel, ya he tratado con todo y ningún programa me funciona. Necesito que tú, me enseñes algo para ver si está vez sí me sirve". En ese momento le dije que no le iba a enseñar nada; que ya tenía mucha información y que no la usaba; que, ella, únicamente quería más información para justificar sus resultados. Realmente no quieres trabajar con alguien que no puede ver que sus resultados son, en mayor medida, su responsabilidad.

Pregunta #3

Ahora vas a buscar qué recursos el cliente sabe que tiene, pero que no está aprovechando y que le están limitando para lograr lo que desea. Primero preguntarías:

¿Cuáles son los recursos, contactos, talentos o
habilidades a las que tienes acceso y que no estás
usando al 100 %, que podríamos utilizar para
romper tus obstáculos y logra tus metas?

Dice Russell que requieres darle tiempo al cliente de responder e incentivar a que dé más recursos preguntando: ¿Qué más? ¿Qué más? Podría ser que vengan grandes respuestas o no tanto, pero lo pertinente es que piensen en las posibilidades. Al terminar, harás una recapitulación de lo que te ha respondido hasta este momento. Brunson lo recomienda de la siguiente manera:

1. Parece que sabes exactamente qué quieres. Tú me has dicho que quieres (lo que dijo primero en la pregunta uno) porque (lo que dijo al último en la pregunta uno).
2. Ahora bien, no has sido capaz de lograr lo anterior, principalmente, debido a (todo lo que dijo en la pregunta dos), ¿verdad?
3. Por último, parece que tienes todos estos recursos (mencionar todos los que dijo) que podrías utilizar y que aún no estás aprovechando, ¿verdad?

Después, Rossell recomienda preguntar:

> ¿Cuánto dinero más crees que ganarías (o cuánto peso pierdes o cuánto mejor sería tu matrimonio) si pudieras eliminar los obstáculos y aprovechar esos recursos?

Das tiempo al cliente de que se exprese mientras describe todo lo que está perdiendo por no tomar tu oferta.

Pregunta #4

Cuando el cliente haya terminado de expresarse, dirás:

> Bueno, ahora solamente tengo una pregunta más, ¿quieres que te ayude con eso?

Permaneces callado para esperar la respuesta del cliente. Luego, le dices cuánto le vas a cobrar y cuáles son los métodos de pago. Por lo general, para este momento, dice Russell, que la gente siempre responde que sí desea ser ayudada, con lo que la venta está hecha. También menciona que cuando no se llega a cerrar el trato, es porque la persona, de verdad, no tiene modo de cubrir el importe de la oferta.

CAPÍTULO 6

Prospección Digital

> Debes estar donde
> está tu cliente.

Atraer prospectos es el trabajo al que debes poner mayor atención. No importa que tu servicio sea el mejor del mundo ni que tu oferta sea la más atractiva; si no llegas a la gente correcta de manera masiva, no durarás mucho en el mercado.

Hay personas que no tienen claro el alcance del internet o que tienen miedo de invertir en marketing digital. Suelen pensar que necesitan buscar clientes con visitas en frío. Esto significa que vas a buscar gente que no te conocen para ofrecer tu servicio. El cual no sabes si necesita en ese momento de ti. En la mayoría de mercados, la venta en frío solamente funciona un poco, pero significa mucho tiempo y esfuerzo. Sin embargo, hay mercados en las que puede ser la única alternativa.

En mi libro "Vendedores Tenaces: Cómo Dominar tu Mente para Vender Más", menciono que si quieres tener pareja y estás corriendo detrás de todas las personas del sexo opuesto, ofreciéndoles una gran vida a tu lado; tendrás poco éxito y seguramente terminarás con otra persona igual de necesitada que tú. Como andas detrás de todos buscando pareja, tus estándares serán bajos; es decir, te conformarás con quien primero te haga caso. De igual manera, la persona que te haga caso, tendrá estándares bajos; es por ello, que querrá tomar la oportunidad de ser tu pareja, sin importar quién realmente eres. ¿Te imaginas cómo sería una relación formada por dos personas necesitadas que no tienen filtros de lo que quieren y que están dispuestos a conseguir aunque sea algo, con tal de tener una relación?

Es casi lo mismo que ocurre cuando haces venta en frío o cuando no tienes un método de prospección que te ayude a tener muchos clientes en la puerta. Si no tienes prospectos, te vas a aferrar a venderle al único que se acerque. Pasarán dos cosas, lo vas a presionar para que compre y le darás todos los descuentos posibles para que lo haga.

Como Freelancer, necesitas tener presencia en internet a fuerza. De lo contrario estarás lejos de tener muchas posibilidades para vender. Comprendo que no para todos es igual y unos pocos podrían tener éxito sin necesidad de anunciarse, pero si estás leyendo este libro, es muy probable que tú, no seas de esos pocos. Algunas opciones para tener presencia en internet son:

1. Página Web

Hoy en día es muy fácil tener una página web. Para mí, el mejor servicio para ello es Neubox. Entra en este enlace para que puedas comenzar a crear tu página.

https://neubox.com/af/freelance

La inversión es de menos de 25 dólares anuales. Una vez contratado tu hosting y el dominio, puedes crear el contenido de tu página a través de una plantilla de WordPress. Busca en YouTube "cómo instalar WordPress en mi página" y luego "cómo usar una plantilla de WordPress". Si nunca lo has hecho, no te preocupes; es más sencillo de lo que imaginas.

2. Fanpage de Facebook

Cuando te das de alta en Facebook para conectarte con tus amigos y conocidos, lo que haces es crear un "perfil". El perfil no está diseñado para que hagas marketing, aunque te lo permite con ciertas limitantes. Lo ideal, es que abras una Página de Facebook. La diferencia es que la gente no tiene que enviarte solicitud de amistad, sólo da clic en el botón seguir. Además, el perfil está limitado a cinco mil contactos y una Fanpage no tiene límite. Aunque el factor más relevante son las métricas y estadísticas que te da una Fanpage para mejorar el rendimiento de tus publicaciones.

3. Perfil empresarial en Instagram

Instagram no tiene mucha diferencia entre el perfil personal y el empresarial, salvo la posibilidad de hacer anuncios y las estadísticas. Esta es una red social que apunta a un sector socio económico mayor porque es aspiracional. La gente quiere mostrar que su vida es mucho mejor de lo que en realidad es. Ha tenido un crecimiento muy fuerte y forma parte de Facebook.

Depende mucho del tipo de mercado en el que estás, pero de momento, he visto que los mejores resultados en publicidad pagada se obtienen de Facebook. La ventaja de Instagram es que es una red social que se caracteriza por las imágenes, vídeos e historias diarias.

4. Perfil profesional en LinkedIn

Si tus clientes son ejecutivos de grandes empresas, es necesario que tengas visibilidad en esta red social. LinkedIn da la oportunidad a los ejecutivos de contactar con las empresas y personas correctas para subir de puesto o conseguir mejores trabajos. No necesariamente será tu caso, pero es el perfil de gente que encuentras ahí.

5. Canal de YouTube

Es seguro que tienes la experiencia de que, cuando necesitas saber cómo hacer algo, el mejor lugar para encontrar un tutorial es YouTube. Si tu servicio puede entrar en esa dimensión, YouTube es lo ideal.

Hoy en día, ya todas las redes sociales permiten subir vídeos. Entonces, dependiendo del tipo de vídeos, te puede convenir más subirlo a Facebook, a Instagram o a YouTube o a dónde quieras.

6. Blog personal

Tener un blog, permite a tu audiencia saber cómo piensas. Ello, ayuda a que la gente que tiene ideas similares a ti, se sienta identificada contigo; con lo que querrán saber más de ti.

7. Programa de Podcast

Para muchas personas los Podcast no son muy conocidos y es porque suelen ser más utilizados para educarte e informarte. Un Podcast es como un programa de radio que se queda guardado en internet en una plataforma de audio como Spotify. La ventaja que tienen los Podcast, es que se prestan menos al entretenimiento como tal, eso hace que las personas que los escuchan, suelan tener un nivel de consciencia más alto.

Antes de hacer publicidad digital

El mundo del internet, a pesar de ser virtual, suele ser tan real como la vida misma. La gente tiene los mismos comportamientos cuando está en la red que cuando está afuera. De hecho, por el anonimato que implica y facilidad de comentar en la red, las personas suelen amplificar sus tendencias.

Esta diversidad fomenta que, para lograr grandes resultados en tus campañas y publicaciones, tengas que ser lo más específico posible y acotes el público al que llegas. La ventaja para ti es que, si hiciste lo que te pedimos en los últimos 3 capítulos, ya tienes una idea clara de dónde está tu tribu y qué le vas a ofrecer.

En mi libro "Vendedores Tenaces: Cómo dominar tu mente para vender más", menciono que hay diferentes tipos de venta. Primero, hay productos y hay servicios; luego hay productos que compra el usuario final y productos que adquiere un comprador a nombre de quién necesita el producto; también tenemos productos que se compran porque se tienen que comprar y no por algún gusto personal.

Dependiendo del tipo de compra que haga tu cliente, será el lugar donde mejores resultados podrán tener tus campañas de marketing digital. Veamos algunos ejemplos:

1. **Producto**: es algo tangible, que puedes tocar, que físicamente existe. Computadores, escritorios, celulares, zapatos, perfumes, autos, casas, muebles, etc.
2. **Producto que compra el consumidor final**: Son todos los tangibles que compras para usar tú, tu familia o para regalar.
3. **Producto que compra el consumidor final y que tiene que comprar**: Son tangibles que

forzosamente tienes que comprar de acuerdo con el tipo de vida que tienes. Ejemplo: ropa, comida, zapatos, uniformes escolares, útiles escolares, etc.

4. Productos que compra el consumidor final y que no es obligatorio obtener: Son tangibles que no necesariamente tienes que comprar para vivir el tipo de vida que vives, pero deseas hacerlo. Ejemplo: Perfumes, joyas, libros, autos, etc.

5. Producto que adquiere un comprador: Se refiere a tangibles que son comprados por alguien más y que normalmente son empresas, sociedades civiles o gobierno. Ejemplos: autos, escritorios, maquinaría especializada, material para la construcción, etc.

6. Producto que adquiere un comprador y que tiene que comprar. En las empresas se da más está situación. Tiene que comprar productos para venderlos, para instalarlos o para construir algo. Aquí no necesitan ser convencidos de que deben comprar el producto, sino de comprar a un proveedor específico.

7. Producto que adquiere un comprador y que no es obligatorio obtener. Hay productos que necesitan las organizaciones, pero que si no los compran, no parecen afectar su operación de manera significativa. Por ejemplo, cámaras de seguridad, uniformes de trabajo, sillas más cómodas, oficinas en lugares más grandes, etc.

Ahora veamos ejemplos de con servicios, nuestro principal interés.

1. Servicio: Es todo aquello que vendes, que no puedes tocar.

2. Servicio que compra el consumidor final: peluquería, telefonía, trasporte, médico, abogado, etc.

3. Servicio que compra el consumidor final y que tiene que comprar: agua, luz, internet, alojamiento, trasporte, etc.

4. Servicio que compra el consumidor final y que no es obligatorio obtener: internet de alta velocidad, spa, masajes, nutrición, acondicionamiento físico, etc.

5. Servicio que adquiere un comprador: Vigilancia, personal, organización de eventos, etc.

6. Servicio que adquiere un comprador y que tiene que comprar. Depende de las necesidades de cada nicho de mercado. La construcción, necesita contratar un servicio de vigilancia para evitar robos. También es necesario contar con seguro de autos, etc.

7. Servicio que adquiere un comprador y que no es obligatorio obtener: consultoría, cursos y talleres para el personal, viajes de integración, etc.

¿Dónde buscar prospectos en internet?

Existen dos alternativas para hacerlo: redes sociales y buscadores. En otras palabras, Facebook y Google. Ni Facebook es la única red social y ni Google es el único buscador; sin embargo, son las dos plataformas que, en la mayoría de los casos, generan los mejores resultados.

Cuando te urge comprar algo, ya sea producto o servicio, y no sabes dónde obtenerlo, ¿en qué página de internet lo buscas? Seguramente pensaste en Google. Bueno, pues esa es la página donde necesitas aparecer si tu servicio es comprado como una necesidad consciente. ¡Ya lo necesito y lo estoy buscando!

Por otro lado, si tu servicio lo necesita la gente, pero aún no están conscientes de ello, la mejor forma de prospectar en internet es a través las redes sociales. Es verdad que las personas que ya son conscientes de lo que necesitan, están en las redes sociales; la diferencia es que, dichas personas, son activas y resolverán el problema cuanto antes. La gente que no es consciente de lo que necesita, requiere tiempo y cierta educación para decidir dar solución.

Dado que se me da escribir libros y tengo éxito, colegas autores y conferencistas se acercaron a mí para pedirme consejos y recomendaciones sobre cómo escribir y publicar sus libros. A razón de ello, te comenté que decidí abrir un programa en línea para ayudar a la gente a escribir y publicar su libro.

¿En dónde debo buscar mis prospectos?

Existe una pequeña parte de personas que estarán buscando "cómo escribir un libro" y un gran bloque de gente que ha pensado escribir, pero lo ve tan complejo que no ha dado inicio. Por dar algún porcentaje, pensemos que el 95 % de la gente quiere escribir un libro, pero no siente la necesidad de hacerlo ahora, y un 5 % tiene una necesidad tan grande que actualmente está en ello. Entonces, mi mercado es el 95 % de la gente. Hay dos razones para esto:

1. De acuerdo con un estudio que realicé, la principal barrera para la mayoría de la gente que quiere escribir un libro, es cómo aterrizar sus ideas y comenzar a escribir. Así, la gente que ya está escribiendo, no necesita esa parte de mi programa. Por consiguiente, ya no tiene el perfil de mi cliente. Eventualmente podría vender a ellos otros servicios para

editar y publicar sus libros, pero perdería enfoque porque "actualmente no son mi cliente".

2. La gente que está buscando información, ya ha creado ideas de cómo se deben hacer las cosas; para bien o para mal. Por ello, es más fácil de cautivar a las personas que aún no tienen contacto con la información bien organizada.

Te pregunto de nuevo: ¿en dónde debo buscar mis prospectos? ¡Exacto! En las redes sociales... ahmmm... si pensaste en redes sociales, ¿verdad? Bueno, ya sabemos en dónde, ahora necesitamos saber cómo atraerlos.

Perry Marshall, empresario estadounidense y autor (que ya cito Pedro antes), narra una historia en su libro 80/20 Sales and Marketing, que da respuesta a esa pregunta:

"Hijo, la primera lección sobre el juego es que tienes que jugar manos que puedas ganar. Necesitas jugar con personas que no son tan buenas en el póker como tú lo eres. Esas personas se llaman marcados.

Sube al auto, John. Te voy a mostrar algo.

Rob, llevó a John a un cabaret. Atravesaron la puerta y se sentaron. El rock pesado sonaba a 110 decibelios, las mujeres bailaban alrededor de los tubos de baile y todos en el club estaban ávidamente absortos en el alcohol y la diversión.

Rob, tenía una escopeta recortada en su chaqueta. La llevaba a todas partes.

Sacó la escopeta y la deslizó debajo de la mesa. Presionó la palanca, abriendo la cámara como para cargarla; pero en lugar de insertar una bala, la volvió a cerrar ruidosamente. Con ese chasquido, las escopetas con sonido de trinquete, son famosas por lo que los fanáticos llaman "apilar la escopeta".

Unas pocas cabezas en la multitud se giraron, tratando de ver de dónde provenía el sonido. Todos los demás eran ajenos, perdidos en su neblina de juerga de discotecas. Luego, Rob, volvió a meter el arma en su chaqueta.

Bill, el dueño del club, se acercó hacia su mesa. Le preguntó a Rod, con tono de preocupación:

- ¿Todo bien por aquí, muchachos?

- Todo está bien, Bill. Sólo le estoy dando una lección al muchacho. - Respondió, Rod.

Luego se inclinó y dijo a John:

- John, la gente que se dio la vuelta, esos tipos no son los marcados. No juegues al póker con ellos. John, tu trabajo es jugar a las cartas con todos los demás."

La idea es que no pierdas tiempo con aquellas personas con las que no puedes ganar la venta. Personas que quieren descuento sobre descuento, que quieren crédito, que desean que se haga a su manera, que no tienen para pagar, que no tiene tanta necesidad de tu producto, etc. Tu mensaje, necesita ir encaminado para que las personas que son tu cliente, volteen la cabeza para encontrarte a la hora de que hagas ruido.

Para los que vendemos servicios como Freelancer y que son comprados por el usuario, la mayoría de nuestros clientes se encuentra en las redes sociales. Y la mayoría de servicios que son adquiridos por un comprador (empresas), se encuentran en los buscadores.

Facebook

Esta red social maneja diferentes tipos de campañas y cada una tiene un objetivo muy concreto. En tu caso, te recomiendo que sólo te enfoques en la generación de prospectos. Olvídate de los "Me gusta", de las veces compartido, de los comentarios y pon tu atención en cómo obtener prospectos.

Lo primero que debes tener claro es que la principal intención de Facebook, es tener a sus usuarios felices y hacer que naveguen en la red social la mayor cantidad de tiempo, con la finalidad de ganar dinero a través de anuncios pertinentes para cada persona. A Facebook le importan más los usuarios que los anunciantes. No quiere decir que no se preocupe por ti, pero toma en cuenta que los usuarios son la materia prima para que quieras anunciarte. Si no hay usuarios, no habrá empresas deseosas de anunciarse.

Por otro lado, mucha gente no se toma muy en serio la manera de hacer publicidad en Facebook, por lo mismo, la plataforma trata de darte una experiencia de lo más sencilla al inicio; aunque esto implique que no tengas resultados o sean menores de lo que puedes lograr. Insisto, tu principal enfoque está en la generación de prospectos y que dichos prospectos te compren. Para tal caso, el único lugar al que debes ir para hacer anuncios es al siguiente enlace:

https://www.facebook.com/adsmanager

Si tienes una publicación y le das clic en "Promocionar", no tendrás acceso a todas las herramientas de la plataforma para obtener mejores resultados.

Ahora te voy a decir cómo está estructurado Facebook Ads. Hay tres elementos importantes que debes comprender: campañas, conjunto de anuncios y anuncios. Cuando te anuncias, creas una campaña. Dentro de la campaña, creas uno o más conjuntos de anuncios. Y dentro de un conjunto de anuncios, creas anuncios.

Campaña: Aquí vas a seleccionar qué resultado quieres obtener. Como lo que buscas son prospectos, las opciones para ti son: Tráfico, Clientes Potenciales y/o Conversiones.

Conjunto de Anuncios: Aquí vas a indicar el presupuesto que vas a invertir cada día y el público al que le mostrarás tus anuncios.

Anuncios: Aquí vas a crear propiamente el anuncio que verán tus posibles prospectos.

Según el tipo de objetivo que selecciones en una campaña, Facebook buscará personas que tienen la tendencia de realizar la acción que estás esperando. Por esa razón, si quieres que la gente te contacte a través de un mensaje, una campaña de "interacciones con la publicación" podría dar menor resultados. Si quieres que la gente te mande mensajes, necesitas que Facebook muestre tu anuncio a las personas que normalmente dan clic en los anuncios para enviar algún mensaje.

Campaña de Tráfico

Esta campaña está dirigida para personas que suelen dar clic en el anuncio y permitir que se cargue una página externa. Como ya indicamos, tú, vas a usar todas las campañas para obtener prospectos; entonces, vas a usar esta campaña para que la gente te mande un mensaje por whatsapp. El enlace que usarás más adelante será este:

https://api.whatsapp.com/send?phone=+**52144**
33904301&text=Hola_Quiero_más_informació
n._Mi_nombre_es:

El número que está con negritas, debe ser tu número de whatsapp. Cuando la gente dé clic en el enlace de tu anuncio desde su celular, automáticamente se abrirá una conversión en whatsapp contigo.

Lo primero que harás es ir al administrador de anuncios de Facebook:

https://www.facebook.com/adsmanager

Darás clic en el botón verde de la izquierda que dice crear.

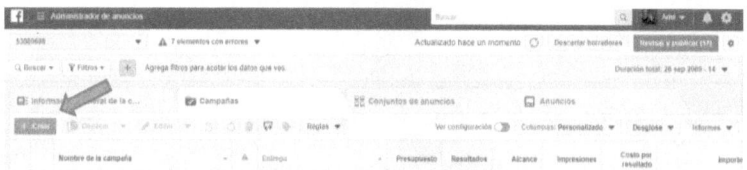

Existen dos tipos de creación de campañas: Creación guiada y Creación rápida. La Creación guiada está configurada por defecto, así que es la que te aparecerá primero. Si no tienes mucha experiencia usando el Administrador de Anuncios, esa sería la mejor opción para iniciar. Voy a decirte la secuencia de acuerdo con la Creación guiada. Si sabes usar la Creación rápida, también me entenderás. En objetivo de marketing vas a seleccionar "Tráfico".

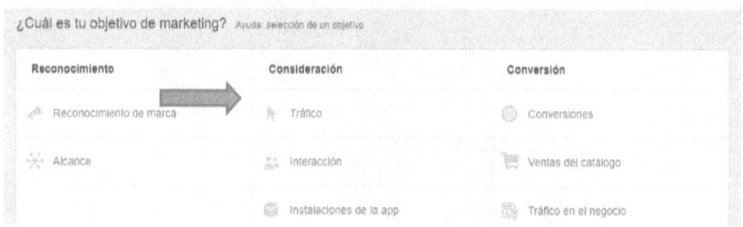

Te va a dar la alternativa de seleccionar un nombre para la campaña. Los campos de crear prueba A/B y Optimización de presupuesto no lo toques de momento. Das clic en "Continuar". Con estas acciones, ya has terminado de configurar la parte de "Campaña". Ahora estarás dentro de la campaña y comenzarás a crear el Conjunto de Anuncios.

Conjunto de Anuncios

Primero te aparecerá un recuadro para que escribas el nombre de tu Conjunto de Anuncios. Después te pedirá que selecciones hacia dónde quieres dirigir el tráfico.

Vas a seleccionar "Sitio Web". Te dije que el objetivo con esta campaña es que te manden mensajes a tu whatsapp, pero si seleccionas Whatsapp; muchas veces no se dan los resultados que quieres.

Después, irá al área que dice "Público". En "Lugares", vas a seleccionar el territorio geográfico donde quieres que se muestre tu anuncio. Toma en cuenta que entre menor sea el área, mayor podría ser el costo por resultado. Puedes acotar la zona a tu país o a tu estado o a tu ciudad. Incluso de da la opción "Fijar marcador", donde puedes señalar el lugar donde vives y configurar el alcance desde un kilómetro a la redonda hasta ochenta kilómetros. Harás está selección, de acuerdo con el tipo de negocio que tengas y al tipo de cliente.

Una vez seleccionado el territorio geográfico, vas a indicar la edad que tiene tu cliente. Si hiciste lo propio en nicho de mercado y Tribu, ya sabes qué intervalo de edad es el mejor para seleccionar. Inmediatamente, te pide seleccionar si quieres que tu anuncio se muestre a hombres, mujeres o ambos.

Más abajo, encontrarás "Segmentación detallada". Aquí es donde tiene mayor impacto la magia de Facebook. Hay tres aspectos a considerar en esta área:

Datos demográficos: Se refiere al nivel de estudios de la gente, tipo de empleo, composición del hogar y estilo de vida.
Intereses: Se refiere a los intereses concretos de tu público, sus actividades, el tipo de páginas que siguen y otros temas relacionados.
Comportamientos: Se refiere a sus intenciones, comportamientos de compra, dispositivos que usan, etc.

Los asesores de Facebook, recomiendan que no selecciones más de diez opciones en los tres aspectos anteriores. La razón es porque si tienes muchas opciones, al algoritmo le cuesta trabajo definir un perfil que genere mejores resultados para tu campaña. Sin embargo, algunos expertos de Marketing Digital, llegan a poner más de treinta. Mi recomendación es que inicies con unos diez y vayas haciendo combinaciones y pruebas hasta obtener el mejor resultado. En el marketing digital, ¡TODO siempre es a fuerza de pruebas!

Luego, pasamos al área de "Ubicaciones". Aquí lo que Facebook te va a pedir, es que indiques en dónde quieres que aparezca tu anuncio; según el tipo de dispositivo y la plataforma.

En donde dice dispositivo, se refiere a si quieres que se muestre en celulares y en computadoras o únicamente en uno. Mi recomendación es que sea sólo en celulares. La gente entra más a Facebook desde su celular, lo que hace que lo anuncios tengan menor costo.

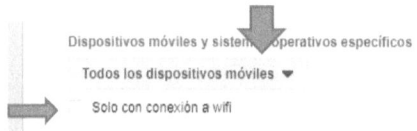

Facebook tiene cuatro plataformas para mostrar tus anuncios: Facebook, Instagram, Messenger, Audience Network. Dependerá de dónde esté tu cliente y de cuánto estés dispuesto a pagar por un prospecto, pero en general, descarta Messenger y Audience Network. Si quieres anunciarte en Instagram, toma en cuenta dos cosas: tus anuncios deben tener poco texto (el anuncio, no sólo la imagen), con lo que puedes tener comentarios negativos; segundo, el costo por prospecto es más caro. Para mí, la mejor opción es "Sección de noticias de Facebook", pero tú, puedes experimentar y obtener mejores resultados con otras combinaciones.

Enseguida, vas a indicar que sólo se muestre tu anuncio cuando la gente esté conectada a una red de Wifi. Por lo general, cuando las personas se conectan a una red, es porque están en su casa u oficina, tiene más de tiempo para atender tu anuncio. Si no están conectadas a una red, suele ser porque están en la calle y podrían andar ocupadas cuando vean tu anuncio.

A continuación, te aparece el área de "Presupuesto y calendario". En "Optimización para la entrega de anuncios", selecciones "Visitas a la página de destino".

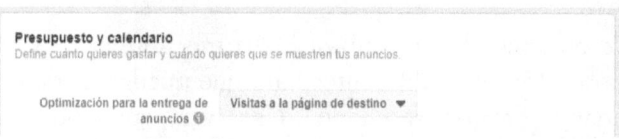

Después te diriges a "Presupuesto y calendario" y seleccionas la opción de Presupuesto diario. Te recomiendo por lo menos un presupuesto de diez dólares por día.

Si vas empezando o nunca lo has hecho, seguramente piensas que es mucho o tienes miedo de perder tu dinero. Bueno, de una vez te dijo que vas a perder dinero mientras aprendes a hacerlo; pero vas a aprender. Ahora que si piensas, "mejor contrato a alguien que sepa para no perder dinero"; ten en mente que esa persona también va a perder dinero para aprender y no será su dinero, sino el tuyo. Tarde o temprano, la vida te va a poner en el marketing digital y es mejor que arranques cuanto antes. Después de seleccionar tu presupuesto diario, das clic en continuar.

Anuncio

Lo primero que vas a hacer es seleccionar el formato de tu anuncio. Se refiere a si tu anuncio será una sola imagen, una secuencia de imágenes o un vídeo. Se dice que lo que mejores resultados da ahora, es el vídeo, pero no siempre es así. El asunto con la publicidad digital es que requieres hacer pruebas de acuerdo con tu servicio, tu imagen y el tipo de cliente.

Te recomiendo que subas dos o tres anuncios al mismo tiempo en formatos diferentes para que puedas medir cuál te está dando mejor resultado. Una vez que todos estén aprobados, podrás evaluar con cual quedarte. Tomas al anuncio ganador y lo duplicas, y a la copia, le cambias unas pocas cosas para ver si genera un resultado todavía mejor. Así lo sigues haciendo por siempre.

Después te va a pedir el Texto Principal de tu anuncio. Aquí te recomiendo empezar con un texto escrito con el método AIDA. Es un acrónimo de las palabras: Atención, Interés, Deseo y Acción.

Atención: Esta es la primera frase que verá tu posible cliente, así que debes darle un motivo para detenerse en tu publicación y decidir si quiere leer más.

Interés: Ya que tienes su atención, ahora necesitas darle elementos para que se incremente su interés.

Deseo: Ahora necesitas estimular el deseo más fuerte de la persona para que decida tomar una acción.

Acción: Abiertamente, decir a la persona qué tiene que hacer para lograr satisfacer su deseo.

Vamos a trabajar con 3 casos de servicios: Jardinería, Consultoría empresarial y baño de perros a domicilio (algo un poco raro).

Jardinería

Atención
¿Tu jardín parece una selva que hasta da miedo?

Interés
Imagina tu jardín con el diseño más hermoso
mientras tus amigas enloquecen al verlo

Deseo
Lograrlo es más sencillo de lo que crees y
mantenerlo más fácil de lo que imaginas.

Acción
Da clic en el botón "Más información" para que descubras cómo puedes tener el jardín de tus sueños.

Todo junto ser vería así:

¿Tu jardín parece una selva que hasta da miedo? Imagina tu jardín con el diseño más hermoso, mientras tus amigas enloquecen al verlo Lograrlo, es más sencillo de lo que crees y mantenerlo, más fácil de lo que imaginas. Da clic en el botón "Más información" para que descubras cómo puedes tener el jardín de tus sueños.

Consultoría empresarial

Atención
¡Qué difícil es controlar tus emociones en el trabajo!

Interés
Cuando sabes cómo mantener tus emociones bien canalizadas, logras mejores resultados.

Deseo
¿Te gustaría ser más productivo, vivir más tranquilo, tener más tiempo e incrementar tus ingresos?

Acción

Da clic en el botón "Más información" para decirte cómo puedes aprender a manejar tus emociones ante el estrés del trabajo.

Todo junto ser vería así:

¡Qué difícil es controlar
tus emociones en el trabajo!
Cuando sabes cómo mantener tus emociones
bien canalizadas, lograr mejores resultados.
¿Te gustaría ser más productivo, vivir más
tranquilo, tener más tiempo e
incrementar tus ingresos?
Da clic en el botón "Más información" para
decirte cómo puedes aprender a manejar tus
emociones ante el estrés del trabajo.

Baño de perros a domicilio

Atención
¿Tu amor perruno ya huele mal y no tienes
tiempo para bañarlo?

Interés
Tu perro puede estar hermoso y reluciente todo
el tiempo sin necesidad de tu tiempo.

Deseo
Nosotros nos encargamos de que tu perro
siempre esté limpio y sin que salga de tu casa.

Acción
Da clic en el botón "Más información" para
decirte cómo podemos ayudarte a darle más
amor a tu preciosa mascota.

Todo junto ser vería así:

¿Tu amor perruno ya huele mal y no tienes
tiempo para bañarlo?

Tu perro puede estar hermoso y reluciente todo
el tiempo sin necesidad de tu tiempo.
Nosotros nos encargamos de que tu perro
siempre esté limpio y sin que salga de tu casa.
Da clic en el botón "Más información" para
decirte cómo podemos ayudarte a darle más
amor a tu preciosa mascota.

No podría garantizarte que los ejemplos anteriores tendría un éxito rotundo porque, como ya te he mencionado, la publicidad digital requiere muchas pruebas.

Una vez que ya escribiste el Texto Principal y que ya subiste la imagen que deseas, es tiempo de colocar el enlace de whatsapp.

https://api.whatsapp.com/send?phone=+tunumero&text= Hola_Quiero_más_información._Mi_nombre_es:

Finalmente, le das clic en Publicar y que dios reparta suerte… bueno, no precisamente dejar que sólo dios reparta suerte. A partir de aquí, vas a estar midiendo tus resultados para saber qué tan rentable es la campaña, el conjunto y los anuncios.

Cuando no hay resultados

Facebook considera que tu anuncio es relevante si genera interacciones (me gusta, comentarios y compartidas) y si genera el resultado deseado. Para ello, establece tres modos de medirlo: Calidad del anuncio, Porcentaje de interacciones y Porcentaje de Conversiones.

Calidad

Si la gente pide no ver más tu anuncio o silenciar los vídeos, Facebook interpreta que se debe a que no tiene la calidad necesaria para que sea atractivo al público que seleccionaste en el Conjunto de Anuncios. Esto puede ser cierto o puede no serlo. Te explico.

Si yo ofrezco un curso para subir de puesto en tu trabajo y a la hora de segmentar mi público, selecciono a personas cuyo mayor interés es emprender negocios, ¿qué crees que va a pasar con mi anuncio? Efectivamente, la gente va a pedir no verlo. Eso bajará mi puntación y no solamente no tendré resultados, sino que además serán más costosos.

Antes de pesar en mover la segmentación del público de tu Conjunto de Anuncios, tendrías que indagar si el problema es porque tu anuncio no engancha. En la medida que tu presupuesto lo permita, lo ideal es tener publicados dos conjuntos de anuncios con públicos distintos y cada conjunto, con unos tres anuncios diferentes. De este modo podrás medir la segmentación de público mientras mides cada anuncio.

Porcentaje de Interacciones

Independientemente de que tu campaña no vaya dirigida a crear interacción con tu anuncio, de todos modos pasará. De hecho, te parecerá curioso que mucha gente que da "Me gusta" o "Me encanta", no solicita información. Bueno, si hay mucha gente interactuando con tu anuncio, Facebook considera que es relevante y lo mostrará más, con lo que será menor el costo por resultado.

Porcentaje de Conversiones

En lenguaje de marketing digital, una conversión es cuando logras que un prospecto complete una acción que tú deseas que realice. Por ejemplo, que compré, que visite tu página, que llene un formulario, etc. Básicamente, este apartado se refiere a que tu anuncio sí genere resultados.

Imagina un anuncio que le es indiferente a mucha gente. No es interesante, pero no genera el deseo de reportarlo o pedir dejar de verlo. Sin embargo, para una parte de la audiencia, es curioso y lo comentan y comparten. El problema es que no está clara qué acción debe realizar la gente y no genera resultados. Tendría buena Calidad, tendría buen Porcentaje de Interacciones, pero no daría resultados.

Para ti, los más importantes son Calidad y Porcentaje de Conversiones. Si tiene muchas o pocas interacciones, no es relevante. He tenido anuncios que generan cinco "Me gusta" en un día, pero me dan cerca de cuarenta conversiones a un bajo costo. ¿Crees que me interesa que tenga más "Me gusta" mi anuncio? Por supuesto que no; pero si los tiene, ayuda un poco en cuanto a la imagen de marca.

Google

Dadas las características de Google, lo más importante a lo que vas a poner atención es al mensaje. En este buscador, coexisten 3 tipos de personas: Navegadores, Interesados y Compradores

- **Navegadores**: Son personas curiosas que desean saber sobre detalles y precios, pero no piensan comprar, sólo quieren saber.

- **Interesados**: Son personas que desean hacer una compra, pero se tomarán su tiempo para revisar varias opciones antes de decidir comprar; en algunos casos, podrían tardar hasta media vida en este proceso.

- **Compradores**: Son las personas que están navegando en internet con su tarjeta de crédito en la mano.

Aquí de lo que se trata, es de que tu anuncio esté dirigido a los Compradores y no a los Interesados y mucho menos a los Navegadores. El mejor mecanismo para lograrlo es escribiendo un mensaje que sea muy específico.

Para crear un anuncio en Google, entra al administrador de anuncios a través del siguiente enlace:

https://ads.google.com

Si ya tienes una cuenta activada, da clic en "Acceder", de lo contrario, da clic en "Comenzar ahora". Sigue las instrucciones para acceder o dar de alta tu cuenta. El proceso no tiene ningún costo.

Google tiene un sistema similar al de Facebook. Primero tienes la Campaña, dentro de esta encuentras el Grupo de Anuncios y dentro de este se crean los anuncios. Cada parte tiene funciones similares, por ello únicamente me enfocaré en la creación del anuncio.

Puntos importantes:

1. Primero te pedirá la URL de tu página de aterrizaje (página a la que llegaran los prospectos después de hacer clic en el anuncio).
2. Tienes espacio para escribir 3 títulos en tu anuncio, de 30 caracteres máximo cada uno. Para empezar, te recomiendo que te centres más en los dos primeros porque el tercero no siempre aparece.
3. Te pedirá una "ruta visible", la cual se refiere a que muestres una URL relacionada con tu página que use palabras clave para tu audiencia. No es necesario que sea la URL de tu página de aterrizaje.
4. Te dará oportunidad de escribir 2 descripciones de máximo noventa caracteres cada una.

En mi caso, uso Google para promocionar mis conferencias. Entonces, debo tener precaución de quién le da clic a mis anuncios. Por ejemplo, si pongo el siguiente texto:

Conferencia de Liderazgo

Es posible de que muchos navegadores le den clic a mi anuncio porque quieren ver una conferencia motivacional debido a que se sienten mal o porque quieren aprender un tema sobre motivación. No necesariamente son las personas que quieren contratar una conferencia.

Ahora pongamos el siguiente texto:

Conferencista de Liderazgo | Formato de 30, 60 o ⓘ
90 minutos | 15 años de experiencia
[Anuncio] www.arielortuno.com

5 libros Bestseller en Amazon. Conferencia Adaptada a las
Necesidades de tu Empresa. Mensaje Claro con Técnicas
de PNL, Aprendizaje Acelerado, Hipnosis Conversacional y
Música

Tal como te puedes dar cuenta, las posibilidades de que dé clic en el anuncio un comprador, son mayores porque estoy dando elementos que son de su interés. En este caso, la persona que normalmente buscando una conferencia en google, es un trabajador de una empresa. Así que la información del anuncio debe ser para cubrir sus necesidades o temores.

Ahora te toca a ti experimentar con diferentes anuncios y medir qué te da mayor resultado.

CAPÍTULO 7

Cómo dar un costo más alto

> Es mejor que te busquen
> a que tú seas quién busca.

Cuando damos inicio a nuestras actividades profesionales, una de las primeras preocupaciones es vender; que haya gente que quiera comprar tu producto para lograr salir adelante el mes. Tanto si acabas de emprender o si tus ventas han estado bajas durante varios meses (o años o toda la vida), es seguro que piensas en atraer prospectos para ofrecer tu producto y lograr la tan ansiada venta.

En el capítulo pasado, nos centramos en ayudarte a construir una campaña para atraer prospectos, pero ese trabajo lo debes completar con la generación de contenido. La gente, necesita verte cómo una figura de autoridad en tu nicho de mercado o por lo menos, cómo un referente importante. Exploremos un poco más.

Cuando usas campañas de prospección, la intención es llegar a personas que ya quieran comprar o que estén próximas a hacerlo. Esto quiere decir que necesitan el servicio que vendes, no a ti. Entonces, no les importará si resuelven su problema contigo o con otro. Quizá, para algunos sea importante tu carrera, la calidad de lo que ofreces, etc., pero tu oferta será evaluada con otras y juzgada en última instancia por precio. A veces serás favorecido y otras no.

En mi libro, "Vendedores Tenaces: Cómo dominar tu mente para vender más", hablo todo un capítulo sobre todas las alternativas que puedes usar para incrementar tu precio; solamente que hay un elemento adicional que catapulta tu oportunidad de cobrar más y que ya mencionamos antes: tu posicionamiento.

Cuando inicié mi carrera como conferencista, divague en muchos temas pensando que eso haría que me contratará más gente. Para este momento, espero que pienses lo malo que fue esa idea. En esos días, noté que la gente que me contrataba, lo hacía porque quería una conferencia de liderazgo (por usar un tema para este ejemplo). El cliente pensaba "necesito una conferencia que hable de liderazgo para mis trabajadores". Después, buscaban quién podría dar esa conferencia. En la terna, habíamos decenas de conferencistas que podíamos dar la conferencia que la gente quería. ¿A quién le contratas? Vas a buscas un equilibrio entre calidad y precio **de acuerdo con tu presupuesto**. Y muchas veces, el conferencista es lo de menos.

Mientras trataba de vender conferencias, también organizaba cursos para el público en general. Ahí tenía un poco más de suerte. En una ocasión, una de mis alumnas trabajaba para una empresa muy grande. Ella, se encontraba en el área de recursos humanos. Le gustó tanto mi trabajo, que pidió que me contratarán para la siguiente convención de ventas. Habíamos creando un lazo estrecho de confianza y le pedí me diera una referencia sobre cuánto podría cobrar por esa conferencia de acuerdo con su presupuesto. Me dio una cifra y me dijo que ojalá pudiera ajustarme hacia abajo a esa cantidad. Yo, estaba asombrado, la cantidad de la que mi alumna hablaba, era más del doble de lo que cobraba en esos años.

Un par de meses después, me contacto otra alumna que había asistido a un entrenamiento de alto impacto que dicte en su ciudad. Habían pasado cerca de dos años que la vi por última vez. Ella, aprovecho muy bien las herramientas que le di y se aventuró para crecer en su carrera profesional. Me llamó porque quería que dictará un Workshop para la organización de gobierno en que ella laboraba en ese momento. Esa vez, no tuve que preguntar el presupuesto, me lo dio y me dijo que esperaba pudiera ajustarme. Después de la experiencia anterior, ya tenía en mi mente un presupuesto más alto. Le hice una oferta del 20 % más de lo que me dijo. Me pidió tiempo para negociar con sus jefes y a los dos días cerramos el trato sin ningún ajuste adicional.

Los dos eventos, me hicieron reflexionar por qué razón, ellas querían pagarme más y los prospectos que andaba correteando, por lo regular, quería pagarme menos. Mis alumnas no tenían mayor problema porque ya conocían mi trabajo y sabían que yo, podía ayudar a sus equipos cómo lo hice con ellas. En pocas palabras, yo, estaba posicionado en su mente como un referente de éxito.

Al punto que voy, es que requieres generar contenido donde tus posibles clientes puedan evidenciar que sabes y que sabes bien. ¿Cómo hacerlo? De muchas maneras. Estamos en la mejor época de la historia para lograr posicionamiento en un nicho de mercado. Ahora te damos algunos consejos:

1. Escribe un libro

A pesar de que hay mucha gente que se anima a escribir su primer libro, aún es muy reducido el porcentaje que lo consigue. Por eso es una gran oportunidad. Ahora bien, cuando te digo que escribas un libro, me refiero a uno que tenga más de veinticinco mil palabras y que puedas imprimir. Por desgracia, hay autores de baja monta que escriben panfletos electrónicos de menos de 50 páginas diciendo que son libros. Muchas veces con información de baja calidad. Lo hacen así, porque su principal interés es venderte algún curso en línea en su panfleto electrónico. No están viendo que pueden posicionarse escribiendo contenido de calidad y atraer más gente.

No importa qué tipo de servicio vendas o en qué nicho de mercado te encuentres, se puede escribir un libro sobre ello. Lo sé porque tengo un programa donde ayudo a empresarios y emprendedores a escribir y publicar su libro (a veces en noventa días o menos). Es más, si en el nicho en que te encuentras nadie ha escrito un libro aún, hacerlo te dará mayor estatus todavía. Únicamente recuerda que el libro no es para hacerte millonario vendiendo libros, es para posicionarte como referente o autoridad en tu mercado.

Una vez que el libro esté en tus manos, tienes dos opciones: promocionarlo mientras promueves tu servicio o hacer lo anterior mientras escribes más libros.

2. Crea un Blog

Si bien la tendencia es hacia los vídeos, quiero decirte que no toda la gente tiene tiempo de ver vídeos. Hay personas que leemos a cierta velocidad y preferimos explorar un artículo en lugar de esperar a que corra un vídeo. Si esta opción te parece atractiva, sólo toma en cuenta que requieres ser constante. De uno a dos artículos por semana podría estar bien. Te recomiendo que el artículo tenga entre 800 y 1,200 palabras para que no sea tan corto que no profundice ni tan largo que la gente se distraiga por otras pendientes.

3. Graba Podcast

Para mí, una de las mejores alternativas. La gente escucha podcast, suelen ser personas con un mejor perfil. Un podcast es audio que puedes escuchar como si oyeras el radio.

Entonces, la gente que oye podcast, suele ser gente que está ocupada realizando otras actividades. Suelen ser personas más productiva.

Grabar un podcast es muy sencillo en comparación con grabar un vídeo. Además, como no tienes que salir en la toma, eso hace más sencilla la logística para implementarlo en tus actividades.

4. Sube vídeos en YouTube

Cada vez que una persona quiere aprender cómo se hace algo, sabe que el mejor compendio de tutoriales está en YouTube. Ahí encuentras de todo, por lo que tu contenido tiene que ser muy específico. Lo pertinente aquí no es hacerte el youtuber con más visualizaciones ni el que gana más dinero por sus vídeos. El objetivo es que tu cliente, pueda conocer tu trabajo y conocerte a ti.

Debes tomar en cuenta que en YouTube, navega mucha gente que tiene tiempo para hacerlo y que, la gran mayoría, están buscando tutoriales para hacer las cosas ellos mismos, no para contratar a quién sí sabe hacerlo. El punto al que voy, es que no creo que encuentres muchos prospectos o seguidores de calidad en esta plataforma; pero es imagen.

5. Redes sociales

Si bien, la principal red social para anunciarte es Facebook, no necesariamente lo es para crear tu tribu. Dependerá mucho de los intereses de tu prospecto y de sus preferencias. Ahora te doy una idea de qué perfil hay en cada red social:

Facebook: Están todos, pero por lo mismo, la competencia por la atención del usuario es muy alta. El margen de edad mayor es de 25 a 34 años y de ahí, sigue hacia arriba.

Instagram: Están personas de un perfil más alto con tendencia a lo aspiracional. Pueden estar dispuesta a pagar más.

Twitter: Personas que desean estar informadas de las últimas noticias. También es la red social donde encuentras más gente hostil.

Linkedin: Es la red social de los ejecutivos profesionales. El objetivo de la red, es relacionar a la gente para obtener empleos; sin embargo, si tu cliente tiene la característica de ser ejecutivo, ahí lo encuentras. Si bien, el porcentaje de usuarios activos no es muy alto como otras redes sociales, la gente tiene un perfil ejecutivo.

Tiktok: Es una red social enfocada para gente muy joven; sin embargo, está teniendo un gran crecimiento y puede ser conveniente entrar desde ya. Bueno, así parece ahora que es diciembre del 2019.

Hay otras, pero quise darte las más relevantes. Eventualmente, puedes hacer una investigación más profunda para encontrar una red social que agrupe de mejor modo a las personas que pueden ser tu cliente.

Sea cual sea la opción que tomes, recuerda que tu mensaje no va dirigido a toda la gente. Necesitas especializarte en un nicho de mercado. En este libro, hablamos de ventas, pero nos enfocamos en los profesionales independientes, en los Freelancers. El objetivo es que el contenido no sólo sea importante, sino que además sea apropiado para ti y puedas poner en marcha cambios en tu estrategia de manera inmediata.

CAPÍTULO 8

Cómo saber si me puede comprar

> Quizá todos necesitan tu producto,
> pero no todos son tu cliente.

Debo decirte que desarrollar la habilidad de vender, es un conjunto de microhabilidades. Así, una de ellas es saber si la persona que está al frente te puede comprar. Hasta podría sonar a que se requieren poderes sobrenaturales para darte cuenta si la persona te va a dar su dinero a cambio de lo que tú tienes para resolver su problema, cubrir su necesidad o ayudarle a superar el reto que tiene. Esto es más sencillo de lo que parece. Y la habilidad aquí consiste en...

Hace poco, mi socia y Moni, después de verme cerrar un programa de coaching por teléfono en una llamada, me dijeron:

> "Jamás había visto a alguien vendiendo que dejara hablar tanto a la otra persona".
> "Hablaste muy poco Pedro. De hecho, mucho menos que la persona que compró".

¿Ya te diste una idea? Cuando ya me gané la confianza de la persona para comenzar a hablar de cómo le puedo ayudar, justo lanzo esta pregunta:

Ahora sí Fulano de Tal, cuéntame ¿cómo te puedo ayudar?

Tu destreza recae en que puedas dejar que tu EGO se calle y permitir hablar a la otra persona. Cuando no paras de platicar, hay una creencia que de algún lado aprendimos y que dice: si la otra persona habla, me va a decir que no. O sea, cuando no dejas de hablar, lo que reflejas es miedo de que la otra persona te diga que no.

Realmente es tu EGO, ese falso yo que no es tu ser, tu auténtico ser. ¿Cuál es tu auténtico ser? Ok, definitivamente, este no es el libro para responder esa pregunta. Lo que sí te puedo decir es que la responsabilidad que decides asumir cuando estás frente a una persona, que quiere cubrir una necesidad, te da el poder de trascender en su vida, más allá de una transacción monetaria.

Verás, cuando yo, tengo estoy con una persona que tiene un problema que quiere resolver, me emociona el hecho de saber el impacto que va a tener esa transacción en su vida. Por lo tanto, la voy a cuidar. Voy a cuidar a esa persona durante todo el proceso, ya que si lo que le vendo, realmente no le va a servir, no estoy sirviendo al más alto bien de ese cliente. Y estoy faltando a mi auténtico ser.

- Cuando vendía luminarias industriales, cubría la necesidad de las personas, de recibir luz y alejarse de la oscuridad que les podría acarrear inseguridad en su vida.
- Cuando vendía tubería de acero helicoidal para trasportar, agua, petróleo y gas, cubría la necesidad de que llegaran fluidos que proporcionan energía de manera natural o sintética.
- Cuando vendía seguros de vida, me aseguraba que las personas amadas de mis

asegurados, quedaran cubiertos con un patrimonio que no pusiera en riesgo su situación financiera, en caso de enfermedad o muerte.

- Cuando vendo programas de entrenamientos de ventas irresistibles, cuido que los emprendedores tengan un sistema que les va a ayudar a mantener el flujo de efectivo que necesita su empresa para seguir siendo fuente de ingresos de las familias que dependen de ella.

- Cuando vendo programas de marketing invisible, les proporciono a mis clientes las herramientas para que puedan crear contenido que atraiga y mantenga la atención. Que genere intención de compra y fidelidad hacia mis clientes.

- Cuando me contratan como estratega comercial de marca, me aseguro de crear una máquina que genere ingresos a mis clientes.

Y puedo seguir. Si te das cuenta, todo el tiempo estamos sirviendo. Nada más somos un medio que llevamos un producto, un servicio o una solución que le ayudará a la persona a solucionar una situación que hoy le impide vivir como desea. Por esa razón, me quedo callado cuando pregunto:

¿Cómo te puedo ayudar?

De aquí parte la verdadera conversación con nuestro prospecto. Ya que si tú, vendes zapatos y la persona está buscando licuadoras. ¿Qué estás haciendo queriéndola convencer de que necesita zapatos? Si la persona quiere una licuadora y tú, conoces a alguien que la pueda asesorar para comprar la que mejor se ajuste a sus necesidades; entonces, pásale el contacto. Luego pregúntale de qué otra forma la puedes ayudar. Así hasta que te conviertas en su asesor de confianza.

La mayoría de mis clientes recurren a mí para preguntarme cualquier variedad de cosas. Y eso hace que me vuelvan a comprar porque les ayudo a resolver problemas. Más adelante hablaré sobre esta conversación de una manera más profunda, pero ahora la abordaré para cubrir el objetivo de la primera parte de este fascinante tema.

- Hola, Bere. ¿Cómo estás? Te habla Pedro García. Me pidió mi socia contactarte directamente para saber cómo te puedo ayudar.

- ¿Pedro verdad? ¡Ya esperaba tu llamada!

- ¡Ah, gracias Bere! Te platico, me dijo mi socia que estás buscando un programa de coaching, y la intención de mi llamada es darme cuenta, si lo que realmente necesitas es un programa de coaching, porque no te voy a vender nada que no necesites. Y para eso, requiero hablar 10 minutos contigo. ¿Está bien que platiquemos ahora o reprogramamos la llamada?

- Ahora está bien, Pedro. Dime.

- Muy bien Bere. Platícame ¿por qué crees que necesitas coaching?

- Porque quiero darle balance a mi vida. Me la paso trabajando. Desde hace 4 meses y medio que me cambié de ciudad y de trabajo, no veo a mi familia. A mi novio, con el que llevo 2 años y medio, tampoco lo veo.

Termino muy cansada y llego a dormir. No hago ejercicio y en la última cita médica que tuve, el médico me dijo que tengo una úlcera que está creciendo por mis malos hábitos alimenticios.

Claramente un programa de coaching le puede ayudar a Bere; pero, estoy partiendo de lo que ELLA NECESITA, más no de lo que yo le quiera vender. Muchas veces creemos que porque alguien quiere algo, hará todo lo posible por obtenerlo.

Lo que hemos visto hasta este punto de este capítulo, es la detección de necesidades; que bien encontradas, nos ayudan a saber desde el inicio de la interacción (llamada o cita), si podemos, en efecto, hacer algo por la persona que tenemos enfrente. Lo que sigue es ahondar en las necesidades.

- Entonces Bere, si escuché bien, y si no corrígeme: lo que te interesa es tener el tiempo suficiente para trabajar, ir a ver a tu familia y a tu novio, hacer ejercicio y tener buenos hábitos alimenticios. ¿Verdad?
- Sí, Pedro, justo eso es lo que quiero.
- Bere ¿y hasta ahora has hecho algo para lograrlo?
- No, Pedro. Como le decía a tu socia, estaba pensando en ir a alguna terapia o algo, pero justo cuando platiqué con ella, me dijo que probablemente me podrían ayudar. Y por eso me dijo que me llamarías.

Si ya abrió la llaga, dale con todo. Limón, bicarbonato y un cuchillo oxidado de esos de carnicero... cuanto más viejo, mejor.

- Bere, dices que tu novio, lleva 2 años y medio contigo en la relación y que desde hace 4 meses y medio, no lo ves. Lo que me queda claro es que no has sido la mejor novia para él, en este tiempo. ¿Estás de acuerdo?

Mónica y mi socia, me venían con cara de asombro como si se estuvieran preguntando "¿Es en serio?". Ello mientras llevaban una mano a su corazón. Me veían con una sonrisa de nervios.

- Si Pedro, estoy consciente de ello.
- Ahora Bere ¿cuánto tiempo más crees que tu novio va a esperar para que le des balance a tu vida?

Mónica y mi socia, se tomaron de las manos mientras me veían hacer esta pregunta.

- No lo sé, Pedro. Por eso es que ya quiero hacer algo con mi vida.
- Yo tampoco lo sé Bere. También me dijiste que tus papás no te ven. Y si te ven no les das el tiempo de calidad que ellos si te dieron por tantos años para ayudarte a que estés donde hoy estés.
- Si Pedro, la verdad es que cuando los veo es de entrada por salida y sólo estoy pensando en mi trabajo y no estoy realmente para ellos.
- Bere. ¿Y qué me dices de esa úlcera? ¿Cuánto tiempo más vas a dejar que crezca por no dedicar el tiempo que necesita tu cuerpo para desarrollarse y mantenerse en óptimas condiciones?
- La verdad que eso me tiene muy preocupada.

Cuando conocí las bondades de la persuasión, preferí generar este acuerdo mutuo porque una vez que las personas me dicen que quieren resolver algo; yo, me comprometo con ellas para ayudarles cuando realmente puedo hacer algo al respecto.

Lo que hice con Bere, suena un poco duro, pero si lees bien, lo único que estoy haciendo es hacerle ver cosas que quizá ella no ha visto hasta ahora. Le estoy ayudando a ver una opción más de lo que ella no está viendo y de lo que pudiera pasar si sigue así. Y sí, apelo a la emoción porque como el significado de la misma palabra sugiere: Préstamo (s. XVII) del francés émotion, derivado de émouvoir 'conmover'. De la familia etimológica de mover (V.).

Velo así, cuando la persona te da la confianza, te está permitiendo ponerte a su lado para susurrarle al oído: sí puedes, estoy aquí para ayudarte y verte lograrlo. Está genial eso, ¿verdad? O soy yo o es la vida, pero de que algo va a sacudir a Bere si no toma acción, va a pasar. En el futuro, yo, Pedro, me podría arrepentir por no haberle ayudado a tomar esa decisión y dejar que la úlcera hiciera mella en su estómago. No quiero ni pensar lo que podría pasarle por no haber hecho bien mi labor de vender.

Si piensas en mi comisión por eso, te aviso de que no es un tema relevante. No es la venta que más comisión me ha dejado; pero, es que hoy yo, no vivo de comisiones. Lo que me mueve es ver a mis clientes felices. Vaya, ni para mi socia es toda la ganancia porque la ganancia se comparte con Itzel, la coach encargada de dar los programas.

Esa llamada que duró 25 minutos, impactó en mí, en mi socia, en Itzel, en Bere, en sus compañeros de trabajo, en sus papás y en su novio. ¡Dime que las ventas no son hermosas!

Otras preguntas que le hice a Bere fueron:

- ¿Y qué pasaría si no decides darle balance a tu vida ahora, Bere? ¿Y si después de la llamada decides seguir como ahora vas?
- No Pedro, no puedo permitir que siga pasando el tiempo.
- Ok, Bere. ¿Y cómo te vas a sentir cuando decidas llegar súper puntual para tener tu primera sesión de coaching?
- ¡Súper Feliz, contenta y responsable!

Para mí, aquí es suficiente por ahora revisar si Bere, haría todo lo necesario para adquirir el compromiso con su vida e invertir en un programa de coaching. ¿Quieres saber qué sigue? Siguiente leyendo y disfrutando este libro.

CAPÍTULO 9

Cómo decirle al cliente que no

> No sólo el cliente te escoge,
> también tú a él.

Cuando recién entré a trabajar a GNP, escuchaba a Ángel Luna contar una historia dónde él, no siempre cerraba la venta porque sus prospectos, en ocasiones, no necesitaban lo que vendía. La historia de Ángel, yo, la había atesorado como algo que no sabría si me iba a pasar y si era sensato no venderle a alguien.

Un buen día había citado a Edgar, un proveedor de soluciones de Tecnologías de Información para Nacional Financiera. Mi relación con él, era muy buena y cuando supo que quedé fuera de esa organización, me invitó a desayunar.

Realmente, sentía que tenía un buen amigo en Edgar y nos habíamos mantenido en contacto después que deje el trabajo en Nacional Financiera. Cuando inicias en la industria de los seguros, te piden crear una lista de contactos cercanos que puedas contactar para venderles; sin embargo, la manera en la que usualmente te entrenan para hacerlo, no siempre te ayuda a mantener la relación.

Sé que hasta ahora ya leíste todos los capítulos anteriores a este y siéntete con tranquilidad de que todo este tiempo, si has hecho las cosas como te hemos dicho Ariel (Premio Nacional de Literatura) y yo, habrás desarrollado una relación de largo plazo con tus clientes.

Edgar, estuvo en mi lista de prospectos; en ese momento mantenía a sus dos hijos, a su esposa y operaba la empresa que soluciones tecnológicas. Nos vimos en una cafetería que a la vez es librería y donde puedes usar juegos de mesa para entretenerte. Platicamos un par de horas y hasta el final de la conversación (cuando yo todavía usaba el método que sólo me dio 2 de 40 ventas), Edgar me dijo:

- Pedro, creo que yo, ya tengo algo como lo que me estás ofreciendo.

Le respondí:

- ¿Ah, sí? ¿Lo puedo ver?

En eso Edgar buscó en su teléfono el correo.

- Mira. - Me dijo, mostrándome una póliza de Visión Plus. Un plan financiero de ahorro que tiene un seguro de vida.

- Edgar, tienes razón, justo es lo mismo que estaba pensando ofrecerte. Por lo tanto, si ya tienes uno, mejor ese dinero que ibas a invertir en una póliza conmigo, inviértelo en la póliza que ya tienes, así va a crecer más rápido el patrimonio para tus hijos y tu esposa.

Me miraba en silencio hasta que me dijo:

- Pero ¿cómo Peter, ya no me vas a vender?

Entonces le dije:

- Edgar, no me interesa venderte algo que ya compraste. Si por negocio hablamos, desde luego que a mí me conviene que compres; pero soy un asesor y de acuerdo con lo que platicamos y con lo que estoy viendo, no necesitas otra póliza más.

Edgar no se contuvo y me dijo:

- Peter, espera, ¿es neta que no me vas a vender nada?

Respondí:

- Tú dime, ¿quieres que yo te venda lo que yo quiera y llevarme una comisión por la acción de vender por vender? ¿O prefieres que ese dinero que me ibas a dar, se lo inviertas a un instrumento que ya lleva 3 años que compraste y que te está dejando dinero? Además, a fin de cuentas es para tu familia, no será ni para mí ni para ti. Tú dime, ¿quieres que te venda o que te asesore?

Edgar iba sorprendido, diciéndome en el camino, que no lo podía creer. Entonces añadió:

- Ok, Peter, ¿y cómo te puedo ayudar yo a ti que estás empezando?

- Gracias Edgar, pues no sé si conozcas a alguien más que pudiera necesitar algo como lo que tú tienes.

Al otro día, me desperté y Edgar ya me había dado el contacto de su cuñada, Lulú, todavía recuerdo el mensaje:

Pedro, ella Lulú, mi cuñada. Ella te va a comprar.

Lulú, después de 3 años, seguía renovando su póliza conmigo sin saber que yo ya había dejado de vender seguros. Sin embargo, esta historia que estás leyendo fue inspirada por otra.

¿Qué hay que hacer estratégicamente para NO VENDERLE A UN CLIENTE?

En el capítulo anterior, te comentamos cómo saber si la persona que está enfrente, desde las necesidades, tiene el potencial para comprarte. Poniéndolo en otras palabras, el capítulo pasado es el nivel básico y en este capítulo te daremos el nivel "pro" para decirle NO a un cliente y por qué hacerlo te dará más ventas. Tal como ocurre para mí, para mis alumnos y para mis clientes.

Del sistema CONEDTA, en este capítulo ahondaremos en la "D": Descalificación. Perry Marshall, dice que la venta no es un proceso de convencimiento, la venta es el resultado de un proceso de descalificación. Y este proceso está compuesto por 5 etapas:

1. ¿Tienen el poder de decir que sí?

Cuántas veces has estado frente a un prospecto que al final de la sesión te dice: gracias por la información, lo voy a informar con mi jefe, a ver qué me dice y yo te digo. ¡Aaahhh! Cómo cala eso, ¿verdad? Por eso te voy a decir cuál es la mejor manera de que sepas si te puede decir que sí:

¡¡¡PREGÚNTALE!!!

- Oye Paty, cuéntame ¿tú tomas las decisiones o es alguien más?
- No, lo tendríamos que ver con mi jefe.

- ¡Ah! Muy bien. No te preocupes, en ese caso para que podamos ir a la cita y como política interna, necesitamos que estén tú y tu jefe para la sesión.

2. ¿Tienen la nuca sangrante?

Observa este escenario y dime ¿con quién agendarías una cita? Haces un cuestionario o bien en una llamada y preguntas: ¿En cuánto tiempo necesitas resolver el problema, antes del mes, en menos de seis meses o un año?

a) No Pedro, nos urge, ¿podríamos empezar esta semana?
b) ¡Ah! Mira, yo creo que lo podemos ver en un par de meses.
c) La verdad no me urge.

Espero hayas elegido el escenario a). Después de que conocí todo este arsenal, elegí únicamente ir a las citas que caían en ese escenario.

3. ¿Tú solución entra en sus planes?

Recientemente cerramos un evento de 50 participantes con un ticket promedio de 700 dólares. La primera pregunta que yo, hacía después de generar confianza en la persona que tenía del otro lado del teléfono era:

- ¿Puedes venir a Querétaro el 8 y 9 de octubre al Seminario de Felicidad en el Trabajo?
- A ver Pedro, déjame revisar en mi agenda y si, sí puedo, dime ¿de qué se trata?

¿Y qué pasaba cuando me decían que no podían?

- Híjole Pedro. El 8 y 9 estoy viendo que no puedo, pero ¿puedo mandar a alguien más?

Como la persona me está mostrando interés en la última parte de la oración, entonces procedo con la venta. Si me dijera:

- Pedro, estoy viendo que no puedo.
- Muy bien Rubén, no te preocupes, en esta ocasión no será, pero yo te diré cuándo haremos el próximo. (Y sólo ha pasado 1 minuto de llamada).

4. ¿Tiene el dinero?

Este podría ser el principal descalificador, pero no necesariamente. Vamos, empezar por preguntarle a alguien si tiene dinero para comprar, es como querer besar a la persona que te gusta, antes de la primera cita; con forme vas avanzando en las citas, la probabilidad de besarla puede aumentar. Al inicio, no será tan fácil o lo puedes intentar y me dices, solamente prepara tu otra mejilla si eres hombre. Aunque si eres de las mujeres que ama robar besos, me puedes mandar un whats al 044 287... ok, ya pues, es broma.

La semana pasada cerré un programa de coaching en setecientos dólares. Me gustaría compartirte este ejemplo porque hay una parte interesante en el proceso de la venta.

Durante la cita o llamada, yo, me preparo para el cierre en función de lo que el cliente me está diciendo. Y sí, yo ya tengo el número en la mente, los 700 dólares. Ahora, lo único que debo hacer es trasmitir que el valor del programa de poaching, es mayor que la cantidad que estoy pidiendo en la transacción.

El gran truco es que el valor es un tema de percepción. Lo que para mí es valioso, para ti puede no serlo. Yo le preguntaba a Bere:

- Oye Bere ¿Por qué crees que necesitas un Programa de Coaching?
- Porque necesito balance en mi vida.
- A ver, platícame, ¿cuál es ese balance que quieres encontrar?

En la conversación, Bere me dijo que su novio, con el que lleva más de 2 años y medio, se siente incómodo con la relación porque ella no tiene tiempo para verlo. No puede ver los fines de semana a su familia como lo hacía antes de cambiarse de trabajo. No puede hacer ejercicio y con la presión del trabajo, el estrés y no comer a sus horas, ya le diagnosticaron una úlcera.

Ahora, todo lo anterior, es lo que ella valora y por lo cual desea una solución en su vida. ¿Cómo traducimos lo que ella valora en setecientos dólares?

- Oye Bere, dime: si el hecho de pensar que por mantener un estilo de vida desbalanceado como hasta ahora, donde tienes 4 meses de no poder salir con tu novio, de no poder ver a tu familia un fin de semana completo, de no comer a tus horas y de dejar que la úlcera siga creciendo, si todo eso lo tradujéramos en dinero que de tu cuenta bancaria actual se está escapando y lo estás perdiendo, ¿cuánto sería?
- Uy, Pedro. ¡Muchísimo dinero!
- Bere, ayúdame un poco. ¿Qué es muchísimo dinero para ti? Porque mi idea de muchísimo dinero la tengo muy clara; pero la tuya no.
- Híjole – respira, piensa- yo creo que una quincena fácilmente se me está yendo.

- Ok, Bere. ¿Y me permitirías saber cuánto vale esa quincena para ti?
- Unos doscientos sesenta dólares.

En ese momento me doy cuenta de que posiblemente Bere, no tenga el efectivo para hacer una trasferencia del total. Lo que ella no sabe, es que yo, estoy dispuesto a darle un financiamiento en dos pagos y hasta tres pagos.

- Oye Bere, en todo este tiempo (y esta pregunta tiene más que ver si el programa cabe en sus planes), he escuchado que me dices que no tienes tiempo para tu familia, para tu novio y para cuidar tu cuerpo. Y me queda claro que eso es lo más importante en la vida para ti, ¿cierto?
- Sí, Pedro.
- Y si hasta ahora no has encontrado tiempo para tu propia vida, dime la verdad, ¿tú harías todo lo posible para destinar al menos una vez al mes una hora y media para resolver tu relación, tu familia y tu salud? La verdad, si no te vas a dar al menos una hora y media, honestamente un programa de coaching no es para ti.
- Pedro, ¡me urge! Claro que voy a hacer todo lo posible por darme ese tiempo.
- Ok, Bere. ¿Tú invertirías 700 dólares por un programa de coaching para darle balance a tu vida de una vez?
- ¡Sí!

5. ¿Le interesa tu oferta?

En esta parte, pongo en marcha un arma muy poderosa que desarrollé en este tiempo. Le llamo la Oferta Irresistible y es una variable que puedes usar. En este video, que grabé hace unos kilos atrás, puedes ver como construyo una Oferta Irresistible en menos de 4 minuto:

https://www.facebook.com/tuasesoractual/videos/4358641
63624341/

Y continuando con la venta del programa de coaching para Bere, sigue leyendo.

- Bere, si te diera la noticia de que no tendrás que pagar 700 dólares y únicamente pagarás 610 dólares. ¿Es una buena noticia para ti?
- ¡Sí, Pedro!
- Muy bien, Bere. Estoy pensando que la mejor coach que te puedo asignar para tu caso es Itzel. Es tan buena que su agenda es sumamente ocupada. Viendo su calendario, la próxima semana sólo te podría atender jueves o viernes a partir de las 19:00. ¿Qué día te queda mejor para que me asegures que serás puntualísima, porque si llegas tarde, ella no repone las sesiones?
- El viernes a las 19:00.
- Muy bien Bere. Para que te pueda dar un espacio en la agenda esta semana y no tengamos que iniciar tu programa dentro de un mes y dejar que esa úlcera siga creciendo; puedes asegurar el programa invirtiendo solamente la mitad antes del viernes, que en total son 305 dólares y el resto a la mitad del programa. Usualmente pedimos 700 dólares de la inversión total, pero te estoy dando la oportunidad de que puedas iniciar con únicamente el 50 %. Entonces, ¿cuándo realizarías la trasferencia?
- Mándame los datos y el viernes, que es quincena, te deposito.

- Muy bien, Bere. ¡Te felicito por tomar acción!

El viernes, yo andaba en otros temas y no había tenido noticias de Bere, hasta que vi un mensaje de ella con la pregunta:

- Pedro, ¿cuánto es lo que tengo que depositar?

- Hola, Bere. Son sólo 305 dólares. ¿Por qué?

- Porque pensé que iba a pagar menos de 300 dólares.

Ese viernes inició el Buen Fin en México y yo, no le había dado la opción de financiamiento de 3 pagos; además, recuerda que su quincena es de 260 dólares. También toma en cuenta que lo que hacemos al vender es dar un servicio. Ella, realmente tiene un problema en su vida que quiere resolver. ¿Tú qué prefieres, ir por una comisión o dar un servicio de clase mundial para que ella quiera comprar, disfrutar, recomprar y recomendar?

Bere no me respondía, y lo que hice fue decirle en un mensaje:

- Bere, me acabo de echar un round aquí para poder darte el programa en 3 pagos y te puedo esperar hasta el lunes 19 que se acaba el Buen Fin. Entonces, puedes iniciar con solamente 203 dólares.

- ¡Súper bien! ¡Gracias!

Minutos después, me envió el depósito por los doscientos dólares pidiéndome iniciar el viernes de la siguiente semana a las 19:00.

CAPÍTULO 10

Cómo ayudarle a que compre

La gente no quiere que le
vendas, quiere comprar

E s verdad que aplicando el capítulo de las Ofertas
Irresistibles, quedaría cubierto este tema, pero me
gustaría compartirte algo. Es una realidad para mí y es un
punto de vista muy personal basado en mi experiencia
profesional vendiendo. Soy una persona que tiene altos
estándares de vida en general. ¿A qué me refiero? Es otra
manera de decir que me exijo lo mejor de mí en todo lo que
hago.

Por lo tanto, si voy a vender, me exijo ser el mejor asesor
para la necesidad que quería cubrir. Y así lo hice cuando
vendí seguros. Digamos que en la etapa dónde comenzó la
racha de 10 pólizas seguidas en un mes, inicié vendiendo con
Neuroventas. Hasta que aprendí a vender con Programación
Neurolingüística.

Los asegurados que cerré con Neuroventas se me
cayeron. Es decir, mi pauta para saber si vendí bien no era
cobrar la comisión de las pólizas. Si no, que esas personas me
siguieran renovando las pólizas los siguientes años. Los
asegurados que cerré usando Programación Neurolingüística,

todavía me llaman (después de 3 años de no vender seguros) para renovar sus pólizas.

Ojo, no estoy diciendo que una disciplina es mejor que la otra. Lo que quiero decir es que yo, uso la técnica que mejores resultados me ayuda a tener; es decir, más cierres. Una diferencia notable.

Un entrenador de Nueroventas te hará esta pregunta: ¿Tú, sabes por qué la gente no te compra? Y a todo lo que digas, te dirá que no. Hasta que les respondas lo que yo le respondí a uno de ellos: Porque no se lo pides. Y entonces te dirán: ¿Ya habías tomado mi curso? Y les dices: ¡Ja! Ok, ya, serios.

Es verdad, yo, aprendí a "manipular" con Neuroventas. Y repito, no estoy diciendo que sea una mala técnica. Antes decía:

> "Si ya te diste cuenta de que necesitas un seguro de vida para proteger el patrimonio financiero de tu familia, si ya viste que puedes invertir y saber que tu familia estará respaldada por ti y una institución con más de 150 años de permanencia en el sector; entonces, firma aquí ahora. Como lo dice Napoleón Hill en su libro, Piense y Hágase Rico: la gente de éxito toma acción cuando tiene enfrente una oportunidad de valor y difícilmente cambia de opinión una vez que se decide."

Sin mentirte, un asegurado me dijo:

- ¡Ay, Pedro! Te escuchaste bien vendedor.

Fue el que me compró dos pólizas el mismo día; pero cuando me dijo eso, me dejó pensando. Al año siguiente me habló llorando porque no tenía manera de pagar sus dos pólizas. Y terminó cancelando ambas.

Usando la Programación Neurolingüística, tuve que volver a aprender. Ahora lo que hacía era felicitar al cliente en lugar de decirle que firmara. Créeme, la PNL es una herramienta muy poderosa para persuadir. Aunque es lamentable que también se pueda usar para manipular, eso verdad; pero a nosotros nos gusta persuadir. Es decir, ayudar a las personas a que tomen una decisión que a ambos nos va a beneficiar. Y no solamente a mí (manipulación).

Lo que hacemos entonces, es lo siguiente:

"Si ya te diste cuenta de que necesitas un Seguro de Vida para proteger el patrimonio financiero de tu familia; si ya viste que puedes invertir y saber que tu familia estará respaldada por ti y por una institución con más de 150 años de permanencia en el sector; entonces, te felicito porque has elegido la mejor opción de todas las que te presenté."

Lo que hacemos es **asumir** que ya compró. Y es hacerle ver que él mismo ya compró. Cuando sigues todo el proceso CONEDTA, a veces no necesitas llegar a este punto porque una vez que terminas de presentar la Oferta Irresistible, el cliente dice:

- Bueno Pedro. Sí, definitivamente es la mejor opción. ¿Qué sigue?

Y les respondo:

- Lo que sigue es que me envíes los datos de tu factura y yo, te mando los datos de la trasferencia para que nos coordinemos y cuadremos agendas. La verdad esta semana ya la tengo saturada y sólo puedo a partir de "tal día" de la siguiente semana.

Invariablemente eso digo y ¿cómo responden? En muchas ocasiones, así: Pedro, me adapto a tu agenda. No digo que todos, aunque varios sí lo hacen. Parece magia, pero no es magia, es lenguaje persuasivo y puedes aprender más en los libros de Ariel. Especificamente los dos que te apoyarán más son: "La llave secreta para influir la mente de una persona" y "Persuasión Empática: 26 sencillas técnicas de persuasión que puede usar con todos".

Recuerda que en la detección de necesidades te aseguraste de que en efecto, tú, puedes ayudarle a superar un reto que tiene. Para saber si ya está listo, le lanzas los 5 descalificadores y si cumple los 5; entonces, ya le presentas la Oferta Irresistible. Es un arsenal mu poderoso, que cuando se aplica correctamente, su efectividad es altísima.

Y para terminar este capítulo, permíteme hacer esta analogía:

Imagina que vas a una fiesta en la tocan música para bailar. Uno de los géneros que tocan es salsa (ya sé, para mí una fiesta no es fiesta si no bailo salsa, a menos, y muy a menos, que la comida y la plática hayan estado buenísimas). Entonces, tu mejor amigo, al que te llevaste a clases de salsa para ir a esa fiesta, está sentado, cuando enfrente tienen a dos mujeres que están moviendo sus pies y su cabeza al son de la música. No sé para ti, pero para mí, a veces esa es una señal suficiente para invitar a una dama a la pista.

Bueno, digamos que de esa mesa, se levantan las dos mujeres a bailar juntas y, como me gusta decir: "desde la primer vuelta te das cuenta si alguien baila o no". Una de ellas le dio vuelta a la otra y es donde piensas: con ella voy a bailar.

Tu amigo no se anima a bailar; entonces, de repente, le dan ganas de ir al baño y se levanta. Tú, también te levantas de la mesa para que cuando regrese, no te vea. Regresa, mira la mesa vacía y te busca con la mirada. En eso, siente como por detrás le colocas la mano en la espalda y caminas con seguridad hacia donde están las damas bailando. Se da cuenta de que ya valió mad#$@ y no le queda más que seguirte.

Él, observa cómo te presentas con las mujeres y estiras tu mano para que una de ellas la tome y la otra observe a tu amigo con cara de "¡vamos a bailar!". Tu amigo te mira con una expresión que te trasmite las ofensas más groseras que se sabe, mientras tú, ya le diste 3 vueltas a la dama que elegiste y sonríen todo el tiempo.

Cuando lo volteas a ver, él ya están "en el flow" con la mujer, sacando cada paso que aprendió en las clases. Después tu cara de felicidad es tal porque no dejan de bailar y se van a sentar juntos para seguir platicando.

Ese empujón que necesita tu amigo; es decir, tu cliente, es de lo que se ha tratado este capítulo y qué digo capítulo, ¡todo el libro!

CAPÍTULO 11

Seguimiento a la oferta

Si a ti se te olvida,
a la competencia no.

Si llevas tus primeros triunfos en las ventas o bien ya te metiste a nadar a estas aguas de prospectos y clientes potenciales, probablemente te has hecho la pregunta.

¿Cuándo le debo llamar a mi cliente?

Esto es un tema común en los alumnos que mantengo en observación. A veces los escucho decir: "no sé si hoy es buen momento para ver si ya va a pagar", "no sé si hoy es buen momento para saber si le interesó o no la oferta", "no sé si hablarle o escribirle para enviarle más información".

Recuerda esto porque quizás sea lo más importante que diré en este capítulo: Nunca termines una conversación, a menos que sea necesario.

Hasta ahora, de las cosas que he vendido de manera profesional, todas tienen un ritmo distinto de compra. Por ejemplo, si le vendo a emprendedores, ellos son tomadores de decisión que no me van a pedir una que realice el proceso de "alta de proveedor". El cual puede tomar semanas en concretarse. Tampoco me van a decir "sale la orden de compra con fecha de pago a 30 días". Verás, esto es típico de las empresas porque tienen procedimientos, así que ralentizan el cierre de una venta; sin embargo, en ocasiones los puedes acelerar.

¿Cómo no terminar una
conversación a menos que sea necesario?

Siempre termina con un compromiso. Cuando hiciste una llamada o tuviste una cita con quien no toma la decisión porque de plano no había manera de que platicaras con la persona que decide al final; tu labor es entrenar a dicha persona para que esta te venda bien, ante quién está a cargo. Por lo tanto, la gente que no tiene el poder de decidir, en la mayoría de los casos, necesitara consultarlo antes de darte una respuesta.

A ellos les puedes decir, después de que escucharon tu Oferta Irresistible:

- Y bien, ¿cuándo vas a realizar la transacción?
- Pedro la verdad es que yo lo veo muy interesante, solamente que mi jefe no está, en cuanto él regrese, yo, obtengo una respuesta y te digo.

Lee con mucha atención:

- Y ¿cuándo llega?
- Yo creo que por ahí del jueves de la siguiente semana.
- ¿Crees prudente que hablemos el jueves o incluso el viernes?
- Yo creo que el viernes está bien y ya te digo qué me dijo.
- Y ¿qué pasaría si te dice que no?

Aquí te pueden dar dos opciones:

1. El jefe dice que no

- Si me dice que no; entonces, no podré asistir a tu evento.
- Siendo honestos, si tu jefe dice que no, mi intención no es insistirte y ser molesto. ¿Realmente quieres participar en este evento?
- La verdad, tengo muchas ganas de ir.
- Entonces ¿qué necesitaría escuchar tu jefe para que te diga que sí?

2. El jefe dice que no, pero paga el participante

- Si me dice que no, yo lo pago.
- ¡Muy bien! Entonces con esto que me dices, es un hecho que vas a asistir al evento y sólo estás resolviendo quién lo va a pagar. Dime ¿hay algún procedimiento que necesitamos agilizar antes de la transacción?
- Si / No.
- Entonces ¿cuándo crees que sea prudente que volvamos a hablar para saber la resolución?

Sé que estas preguntas pueden sonar muy directas, pero cuando has hecho todo lo que te hemos dicho en el libro, es muy fácil realizarlas y el prospecto se siente verdaderamente comprometido contigo para darte una respuesta concreta.

Debes de tener muy en cuenta las respuestas que te da a estas preguntas el prospecto porque te dirán si realmente hay interés o posibilidad de comprar. Uno de los beneficios que viene después, es que ya tienes una fecha para buscar al cliente y no te vas a estar preguntando en qué momento es mejor contactarlo de nuevo. Ahora te daré algunos consejos muy pro para el seguimiento:

1. Siempre termina una llamada con una fecha

Puedes decir al prospecto: "Permíteme ser muy sincero contigo, si por alguna remota razón no fueras a adquirir la solución que te ofrezco, te agradeceré mucho tomar la llamada que acordemos para que me lo puedas decir. Mi intención no es molestarte o insistirte con más llamadas para convencerte. A menos que estés muy interesada y te pueda mejorar la oferta".

La gente responde muy bien cuando te escucha decir: "mi intención no es molestar ni insistir".

2. Siempre asume que sí compraron.

Cuando ya estás al final de la Oferta Irresistible, habla como si el prospecto ya hubiera tomado la rotunda decisión de comprar:

¿Cuándo te gustaría realizar la transacción?
¿Cuáles son tus datos fiscales para facturar?
¿Cuántas personas van a ir?
¿Cómo te vas a sentir cuando estés usando la solución?

Vas a sumir que la venta está hecha porque te mantendrá en un estado emocional y mental de mayor poder. Además de que el cliente podría estar muy interesado en comprar, pero tú no veas los indicadores que esperas encontrar en su comportamientos.

3. Haz la pregunta de la amabilidad por excelencia.

¿Hay algo más en lo que te pueda ayudar? Esta es la pregunta que siempre vas a hacer al final porque te posiciona como alguien que está dispuesto a servir ayudando (que imagino que es verdad) y no solamente que quiere vender.

Recuerdo una llamada con un cliente con quién tenía la misión de encontrar una nueva necesidad para venderle una solución. Me dijo que ya había contratado a otro proveedor con una solución distinta y estaba obteniendo resultados. Él, estaba muy contento por la decisión que tomó con ese proveedor. Por más que buscaba necesidades o tocaba puntos de dolor, aparentemente, todos ya los tenía cubiertos.

Yo, estaba a punto de terminar la llamada. Otro cliente me estaba escuchando hablar con él, así como también uno de mis alumnos y decidí decirle lo siguiente:

- Alejandro, de verdad, me da mucho gusto que hayas conseguido un proveedor que te pueda cubrir todas tus necesidades y únicamente me queda preguntarte: ¿Hay algo más en lo que yo te pueda ayudar?

A lo que respondió:

- Sí, Pedro. Fíjate que me acordé que ustedes tienen "un servicio" que no tienen ningún otro proveedor. ¿Me lo podrías cotizar?

El poder de esa pregunta es inconmensurable porque la persona podría tener algo más guardado en su mente. Si asumes que ya no hay nada más por hacer y no le ayudas a encontrar otras necesidades a través de esta "pregunta", no lo recordara y nunca lo sabrías.

Es probable que te estés preguntando:

¿Y cuándo le hablo por primera vez?

Ok, aquí te va la guía paso a paso:

1. Mira tú reloj: ¿son horas de llamar? En México, si la horas es entre 8:00 y 18:15, la respuesta es sí.

2. ¿Tienes preparado tu guion descalificador? Si la respuesta es sí: ¡Entonces llama ahora!

Y si no te contesta y tienes su número de Whatsapp le puedes escribir lo siguiente:

"Hola, fulanita, ¿cómo estás? Te llamé porque me dedico a ayudar a gente como tú, a lograr (el resultado que ofreces) a través de (tu solución). Para evitar que te pase (principal dolor de tu cliente) y explorar si lo que tengo es para ti; solamente me tomará una llamada de 3 minutos. Estoy por entrar a una reunión en 30 minutos. ¿Podemos hablar antes o a qué hora te llamo?

Analicemos brevemente el párrafo anterior:

1. "Gente como tú": Describe cómo es él o ella.
2. "Lograr (el resultado que ofreces)": Debes conocer qué es lo que está buscando resolver, demuestra que tu intención está en ayudar.
3. "Tu solución": Debe ser algo diferenciado de lo que vende tu competencia.
4. "Te pase (principal dolor)": Habla de lo que va a experimentar o quiere evitar la persona.

Por ejemplo, si yo te llamara en este momento y no respondes, lo anterior se leería así:

Hola, Lector, ¿cómo estás? Te llamé porque me dedico a ayudar a emprendedores interesados y dispuestos a saber cómo aumentar sus ventas, a atraer nuevos clientes y crecer su negocio a través de marketing invisible, ventas irresistibles y viralidad. Para evitar que fracases y cierres y explorar si lo que tengo es para ti, sólo me toma una llamada de 3 minutos. Estoy por entrar a una reunión en 30 minutos. ¿Podemos hablar antes o a qué hora te llamo?

Si tu comunicación es por correo, entonces, haz lo mismo de arriba. Puedes enviar un video o pdf o "algo" de muchísimo valor para que tu prospecto quiera darte 3 minutos de su tiempo. Recuerda, el momento es ahora. Acábate el día.

CAPÍTULO 12

Cómo hacer que vuelva a comprar

> Es más fácil venderle a un cliente
> que venderle a un prospecto.

Durante este tiempo, he descubierto tres maneras de lograr que las personas te vuelvan a comprar:

1. Upsales – Sobre ventas. Es decir, ya te compraron algo de un precio y les ofreces más valor por más dinero.
2. Creas una nueva Oferta Irresistible.
3. Te aseguras dee que quede más que satisfecho con la solución que consiguió de ti.

Aunque realmente las 3 se definen por un elemento común que tienen: valor. Valor es percepción; por lo tanto, necesitas conocer qué es lo que la persona recibe de ti, que sea suficiente para que satisfaga su necesidad. Y no esperes gustarle a toda la gente.

Puede ser que has deseado que ciertas personas que no valoran tu oferta te compren por la marca que representan, por el tamaño de su empresa, por su poder adquisitivo, sólo recuerda que tu energía va a donde está tu enfoque. Si te enfocas en personas que no te valoran por quién eres y lo que representas, ¿cuántas que si te valoran y que están dispuestas a darte su dinero a cambio de tu solución, se están quedando desatendidas?

Como lo dice Jay Abraham, hay 3 maneras de hacer crecer un negocio:

1. Conseguir nuevos clientes.
2. Consigue que esos clientes te compren más veces.
3. Consigue que esos clientes cada vez te paguen más por lo que vendes.

Lo anterior se resuelve dando más valor. El asunto es que no hay un recetario para crear valor; aunque te puedo dar ideas. Estoy consciente de que no serán las únicas y quizá tampoco las mejores, pero te darán un buen norte para iniciar.

Estas palabras que estás leyendo, se comenzaron a escribir entre noviembre y diciembre de 2019, y por lo tanto se acerca el cierre e inicio de año de las empresas. Momento crucial para que los directores se conecten con su personal.

A mí socia se le ocurrió crear un video para que el director pueda dar el discurso de cierre e inicio de año. Esa idea me encantó. Unos días después me encontraba escribiendo el guion para que ella, se grabara dando indicaciones de cómo debían dar el discurso. ¿Por qué ella y no yo? Porque ella es la solución que vendemos, aunque sea una labor de equipo y yo, le ayude a crear los contenidos.

También desarrollé la estrategia de crear entregables a mis clientes, como el video que se le ocurrió a mi socia. Por ejemplo, creo reportes o manuales en formato pdf de alto valor para mis clientes, de 2 o 3 cuartillas, a veces más.

Ahora que está de moda en México y en Querétaro la NOM–035–STPS, por ser el tercer estado del país con mayor rotación de personal, hice un documento titulado: ¿Qué es la NOM–035–STPS en 10 sencillos puntos?

Si llamó para cualquier asunto a mis clientes, añado a la conversación: "Por cierto, permíteme enviarte el documento que acabamos de crear dónde podrás conocer Los 12 Casos de Éxito de Servicio al Cliente".

Que para tu caso, imagino que ese artículo sería muy útil para ti, ¿verdad? Así que permíteme mostrártelo el artículo ahora[2]:

12 Casos de Éxito de Servicio al Cliente

> "No hay embotellamientos ni tráfico pesado a lo largo de la milla extra".
> Roger Staubach

¿ESTÁS HACIENDO LAS PEQUEÑAS COSAS PARA TUS CLIENTES?

Siempre que damos el extra, hay menos resistencia de nuestro cliente para volvernos a comprar. Dar pequeños extras inesperados, demuestra que tu cliente te importa. Hay una docena de diferentes tipos de marketing invisible.

La mitad se basa en el valor y la mitad se basa en el mantenimiento de acuerdo con la matriz de valor / mantenimiento. Estos son los elementos principales de ambos:

Valor (el qué y cuándo de la experiencia del cliente):

- ¿Cuáles son los beneficios tangibles e intangibles que tu servicio o producto ofrece?

---

[2] Stan Phelps, 2012. What's Your Purple Goldfish?: How to Win Customers and Influence Word of Mouth. 9 Inch Marketing.

- ¿Tu producto o servicio va más allá para superar las expectativas del cliente?
- ¿Estás dando ese pequeño extra inesperado para sorprender y deleitar a tu cliente?

Mantenimiento (quién y cómo de la experiencia del cliente):

- ¿Cómo es la experiencia de compra para tu cliente?
- ¿Haces las cosas de tipo llave en mano o simples para tu cliente?
- ¿Respondes a los problemas de tu cliente?

AQUÍ ESTÁN LAS 12 CATEGORÍAS:

#1. Complementos (valor):

Pequeños extras que se incluyen con tu producto o servicio. Te ayudan a destacarte en un mar de igualdad. Ejemplo: Southwest Airlines – "El equipaje vuela gratis" y sin tarifas de cambio en Southwest.

#2 En la bolsa / Fuera de la Caja (valor):

Pequeñas cosas inesperadas que se agregan como sorpresa. Ejemplo: Maggiano, pide un plato de pasta y Maggiano empacará uno adicional para que te lo lleves a casa.

#3 Muestreo (valor):

Dale a tu cliente un sabor adicional al ofrecerle algo extra gratis en la casa. Ejemplo: Bigelow Tea, pide una caja de té de Bigelow y recibirás una muestra de otro sabor en la casa.

#4 Primera y última impresión (valor):

Tienes dos posibilidades de causar una impresión: cuando tu cliente entra por la puerta y justo antes de salir, cuelgue o cierre la sesión. Estos pequeños extras, te hacen memorable y, lo que es más importante, le darás a la gente de qué hablar. Ejemplo: Hard Rock: cuando te registras en Hard Rock, podrás probar una guitarra Gibson. Regístrate, conéctate y rockéale.

#5 Garantías (valor):

Dar a tus clientes esa pequeña promesa adicional de que respaldará su producto o servicio. Ejemplo: L.L. Bean-Leon Leonwood respalda tu producto para toda la vida.

#6 Pay it Forward (valor):

Devuelve un poco más a la comunidad. Ejemplo: Si no tienes trabajo y necesitas un traje limpio para una entrevista, Plaza Cleaners lo limpiará gratis.

#7 Llamada de seguimiento (mantenimiento):

Haz un pequeño seguimiento adicional con tu cliente. Ejemplo: Rite Aid sigue con una llamada para saber cómo va un paciente.

#8 Servicio agregado (mantenimiento):

El pequeño extra que es un servicio inesperado agregado. Ejemplo: Safelite repara o reemplaza su vidrio, pero también aspiran su automóvil y limpian sus ventanas.

#9 Conveniencia (mantenimiento):

Los pequeños extras que agrega para facilitar las cosas a sus clientes. Ejemplo: Amazon Frustration Free Packaging (Empaque Libre de Frustración de Amazon) sin complicaciones y bueno para el medioambiente.

#10 Esperando (mantenimiento):

Todos los clientes odian esperar. Si es inevitable, ¿cómo puedes hacer un poco más para hacerlo más llevadero? Ejemplo: Pacific Café, mientras esperas tu mesa, disfruta de una copa de vino en la casa.

#11 Necesidades especiales (mantenimiento):

Reconoce que algunos clientes tienen necesidades que requieren atención especial. Ejemplo: En Rainforest Café, el restaurante satisface las necesidades de los clientes haciendo un poco más para las personas con alergias alimenticias.

#12 Manejo de errores (mantenimiento):

Admite cuando te equivoques y haz un poco más para hacerlo más que correcto. Ejemplo: La agencia de enfermería de Canadá Nurse Next Door (Enfermera de al lado), toma en serio la idea del "pastel humilde", literalmente entregando un pastel cuando cometen un error.

Ahora te explicaré más sobre las 3 maneras que conozco para lograr que las personas vuelvan a comprar. La más poderosa que he creado es una que me gusta llamarle **marketing invisible**. ¿Cómo es que puede ser invisible? Porque el "truco" es que la gente no sepa que le estás vendiendo y te quiera estar comprando. Está genial eso, ¿verdad?

Me encanta el marketing invisible porque es mantener en piloto automático la atracción de nuevos clientes y sobre todo de venta invisible. El objetivo es que la gente se esté vendiendo y comprando la idea todo el tiempo de que eres la mejor opción y que como tú, no hay una mejor. Lo que hacemos es darles siempre valor inesperado.

¿Y cómo lo mides?

Mi socia es el producto del 85 % de la cartera y el otro 15% el producto soy yo. Hemos vendido mi entrenamiento de ventas y estamos por crear uno juntando su magia y la mía. Y aunque los mismos clientes me han preguntado si yo, también sé hacer lo que ella hace, siempre les respondo que no; entonces, me preguntan ¿cuál es mi función en la empresa? Mi respuesta es: "Yo, estoy aquí para conocer qué es lo que nuestros clientes necesitan y crear soluciones a la medida. Mientras mi socia está dando un entrenamiento, con facilidad se acerca un cliente a decirme: "Pedro, te voy a llamar para que me asesores sobre tal programa que venden".

A lo que voy, es que tienen claro nuestros roles y no me ven como un vendedor convencedor que los va a estar presionando hasta que compren. Simplemente me buscan para que los asesore sobre lo que necesitan para resolver sus necesidades.

Otra manera de verlo, es que me mantengo muy cerca de mis clientes para entender mejor que nadie lo que les duele y descubrir internamente qué podemos hacer por ellos. Cuando les presentamos una Oferta Irresistible, no lo dudan ni lo piensan porque les ofrecemos justo lo que necesitan.

Usa la franqueza

A más de uno de mis clientes, les he dicho las cosas como son, no como las quieren escuchar. Con el tiempo agradecen que sea así. Los clientes no quieren a un adulador, porque ya tienen suficientes. Cuando te posicionas como un asesor que está dispuesto a tener conversaciones de valor con ellos, sabrán que no siempre escucharán buenas noticias de tu parte. Además, alguien que dice las cosas como son y que no se queda callado, es mejor visto que alguien que no se atreve a hacerse escuchar. Te muestras con autoconfianza y eso vende más que cualquier otra técnica de negociación.

CAPÍTULO 13

El mejor vendedor que puedas tener

> Sin la práctica, la teoría
> se inventa grandes historias.

¿Quién es el mejor vendedor que puedas tener? ¿Te habías hecho esta pregunta alguna vez?

De las personas que han leído este libro, existe un porcentaje que ya tiene horas de vuelo en las ventas. Y sabe lo frustrante que es conocer a un desconocido deseando venderle. Después de tirar varias flechas de encanto para obtener una acción, la persona accede a verte para seguir platicando del tema, ir a la cita y venderle algo.

Otro porcentaje de los que están leyendo este libro, ha probado las mieles de ver que acaba de llegar un mensaje a tu celular en medio de una cita de ventas que se ve de esta manera:

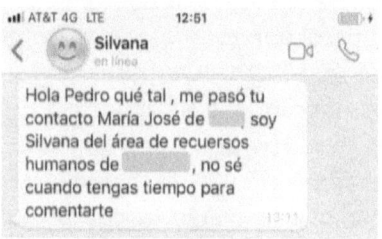

Ese día fue un gran día para mí porque justo estábamos cerrando una venta por casi diez mil dólares y durante la cita, recibí el mensaje de Silvana para comprarnos, gracias a la recomendación María José, el cliente que nos acababa de contratar. A continuación te voy a explicar por qué yo, estaba muy feliz.

Este año, en abril, publicamos Sigrid y yo, mi primer libro "¿Pequeña Empresa o Marca Súper Poderosa? La guía completa para aumentar tus ventas, atraer nuevos clientes y crecer tu pequeña empresa para evitar que fracases y cierres".

Ahí, explicamos el Ciclo de Compra del Cliente. El hecho de que domines el Ciclo de Compra del Cliente es lo mejor que puedes hacer este año. Y también es verdad que le sacarás más provecho cuando hagas publicidad para atraer nuevos prospectos, como lo explico en ese libro.

Recuerda que las personas compramos en función de estas cinco etapas:

1. **Consciencia**. Las personas reconocen que tienen un problema o una necesidad.
2. **Interés**. Desarrollan interés por resolver o saber más acerca del problema.
3. **Consideración**. Evalúan sus opciones.
4. **Compra**. Toman una decisión.
5. **Recomendación**. Al final evalúan si su compra les satisfizo.

María José, pasó por todo el ciclo, porque meses antes nos compró un producto. Después de ese producto me contactó para comprarme algo más, y después algo más. Como ya sabes, me debo a la estrategia comercial. Es decir, mi objetivo es que mis clientes se mantengan cerca de mí. Lo que significa que me volverán a compra algo. ¿Por qué?

Porque si te das cuenta, una vez que compran y evalúan qué tan satisfechos están con la decisión, suceden dos cosas:

1. Vuelven a comprar.
2. Recomiendan la marca o al vendedor.

Desde luego que la primera vez, María José no compró algo de diez mil dólares. Fue un proyecto significativo, que nos ponía a mí y al equipo, en posición de volver a vender. Por eso recompró y viendo su comportamiento de compra, decidimos crear algo a la medida de sus necesidades. Aun no sabíamos que ella ya nos estaba recomendando.

La buena noticia es que esta estrategia, la desplegamos con más clientes como María José. Mi socia, al principio no podía creer el resultado de esta estrategia. Como me gusta decir: "las ventas no tienen que ser el resultado de un acto heroico, sino de un proceso que fácilmente da resultados". ¿Cuál es la estrategia? Ahí te va:

Sea lo que sea que venda, yo me baso en una máxima que aprendí de Grant Cardone: Under promise and Over deliver (Promete menos y entrega más). Y como tu cliente, no es el experto en el tema, creerá que lo que le propusiste, es lo más completo que pueda obtener; pero claro, tu cliente no está viendo lo que tú estás viendo.

Por esa razón lo podrás sorprender entregando más valor del que él cree que te compró. Yo, ya venía de probar las mieles de esta estrategia. A mí socia le costaba mucho trabajo creerlo; pero después de varias conversaciones acaloradas, decidió probar lo que yo recomendaba. Dicho sea de paso, la razón por la cual nos hicimos socios, fue gracias a que yo, desplegué la estrategia con ella.

Cuando mi socia me llamó para contratarme como su vendedor, me sorprendió porque no me promovía para ese tipo de ofertas, sino como un entrenador de vendedores, estratega de marca y asesor de empresa. Sin embargo, un año atrás, ella, había guardado mi teléfono y se creó la idea de que yo, le podía ayudar a vender. Y sí, eso es correcto, sólo que yo, ya no lo hacía por mis clientes, ahora ya les estaba enseñando a hacerlo.

Acepté el reto que tenía, ya que el margen de error era muy pequeño. Ella, necesitaba a un vendedor experto que le ayudara a facturar veinticinco mil dólares en menos de mes y medio. A la semana de trabajar juntos, descubrió que yo, no únicamente le podía ayudar a incrementar las ventas; sino también a crear publicidad y una estrategia comercial. La cual nos apoya a que esas ventas se lograren más rápido.

Es decir, le di más de tres veces el valor que ella había contratado inicialmente conmigo. Fue por eso que después me ofreció ser su socio y yo acepté. Justo esta semana, me han contactado dos personas, recomendadas de mi socia. ¿Vale la pena dar más valor del que te pagan?

No caigas en el error

En el capítulo 5, Oferta Irresistible, Ariel te explicó en el área de **Bonos**, cómo saber qué detalles puedes implementar para dar mayor valor a tu cliente. Si no lo has hecho, es común pensar que es costoso dar más valor del que pagan. Dar más valor es adelantarte a una venta. Es la ley de la reciprocidad y el compromiso, en su más pura manifestación. Cuando tú, le das a alguien algo de mucho valor, se sentirá comprometida contigo. ¿No me crees? Solamente pregúntale a una amiga, prima, tía o a tu mamá, ¿qué se hace cuando, después de la fiesta, te mandan con itacate[3]? Regresas el traste o el tupper con algún otro platillo, ¿sí o no?

---

[3] Expresión mexicana que significa dar una provisión de comida. Por lo general, es un excedente de lo que se preparó para comer en la misma fiesta.

Cuando le das tanto valor a tus clientes, tendrán mayor deseo de comprarte porque, de alguna manera, sentirán necesidad de ser recíprocos. Otra razón es porque, si lo que recibieron sin pagar estuvo genial, ¿cómo será aquello por lo que vuelvan a pagar?

Nuestra ventaja (tuya y mía) es que, como emprendedores, somos más que una hamburguesa con papas de una franquicia. Podemos calibrar el valor que las personas necesitan de nosotros y entregárselo de diferentes formas.

A lo que me refiero es que no estamos encasillados por un producto, ya que nuestra cartera de clientes, todavía, nos permite entregar valor a la medida de las posibilidades del cliente. ¡Ojo! No estoy diciendo que haya que complacerlos en todo. Lo que trato de decir, es que nuestro cliente se puede acostumbrar a que lo siguiente que va a comprarte va a ser diferente y mejor. ¿Cómo se ve la estrategia?

El 90 % de lo que vendo tiene esta estructura:

1. La solución que le resolverá la necesidad a mi cliente.
2. Un acompañamiento presencial para que mi cliente aproveche de la mejor manera la solución.
3. Durante las sesiones de acompañamiento (no más de 3), comienza a ver resultados y surgen nuevas oportunidades.
4. En la segunda sesión, mi cliente se da cuenta de cuánto valor le hemos dado hasta entonces.
5. Para la tercera sesión, por su mente pasa la idea "y ¿ahora lo haré sólo o puedes seguir conmigo?"
6. En la tercera sesión o en una adicional, yo, le presento al cliente, una oferta sobre un diagnóstico que hago.

7. Lo que le preparé como solución para él, le parece un paso lógico y no una imposición. En consecuencia, decide volver a comprar.

8. En la nueva solución, le doy motivos para que me recomiende.

Recuerda constantemente la siguiente oración:

Es 7 veces más fácil venderle a alguien que ya compró o que viene recomendación.

CAPÍTULO 14

Recomendaciones finales

> El final, sólo es el principio de
> algo que aún no conoces.

Primero, queremos darte las gracias por haber llegado hasta este punto del libro y al mismo tiempo, extenderte una gran felicitación. Este es mi quinto libro y he descubierto que pocas personas tienen el compromiso de llegar al final de la lectura. De hecho, forma parte del patrón de su vida; son buenos para iniciar, pero malos para continuar y terminar.

El camino de las ventas puede parecer incómodo para muchas personas porque implica recibir rechazo por parte de algunos prospectos. La cuestión es que has decidido ser un profesional independiente y ahora es parte fundamental para tu carrera. Lo más importante es que no es necesario que lo hagas tú. Así como la socia de Pedro, lo buscó para que la ayudará en lo que ella no era tan buena como lo es Pedro, también tú, tienes la oportunidad de seleccionar a alguien para que te apoye.

Es necesario puntualizar que, siempre hay un precio que pagar. Cuando decides que alguien lo haga por ti, pagas con dinero y cuando no puedes pagar con dinero, tendrás que pagar con tiempo y esfuerzo personal. Lo importante, como lo explico en mis libros de Liderazgo, es que asumas la responsabilidad de tu resultado en ventas.

Te guste o no te agrade, si tus ventas son bajas o llevan vario tiempo si subir, no es de nadie más la responsabilidad; es tuya. Hace un mes asistí a un entrenamiento masivo sobre Inteligencia Financiera. El orador, nos presentó el crecimiento que había tenido durante el año 2019 y dijo: "Este crecimiento lo he tenido viviendo en México (país), igual que tú; con el mismo presidente que tú, con las mismas leyes que tú y con el mismo sistema de recaudación fiscal que tú. Si tú, no estás creciendo como yo, el problema no está afuera".

No me importa cómo lo hagas, pero asume la responsabilidad de tus venas desde ahora. Si piensas que lo tuyo son las ventas o que lo puedes hacer sin mayor problema, adelante. O podrías tener la sensación de que lo tuyo no es vender, está bien; nada más que sí requieres aprender a persuadir y negociar. La razón es que tendrás que negociar y persuadir a tus proveedores, a tus clientes y a tus socios comerciales.

Para aquellos que desean complementar lo aprendido en este libro con habilidades de liderazgo, te recomiendo leer también mi libro "Neuroliderazgo Persuasivo: 22 Trucos Psicológicos para Aumentar tu Liderazgo". Y si lo que deseas es aprender más sobre persuasión, puedes leer mis libros siguientes: "La Llave Secreta para Influir la Mente de una Persona" y "Persuasión Empática: 26 Sencillas Técnicas de Persuasión que Puedes Usar con Todos".

Si deseas que alguien más te ayude a vender para que tú, te enfoques en lo que amas hacer, no dudes en buscar a Pedro… yo, ya lo hice. Y recuerda:

"Estás a una frase de inspirar al mundo…"